JN024939

プロのための製菓技法

# クリーム 増補改訂版

*Crème*

誠文堂新光社

# ACACIER

アカシエ

〒 330-0061 埼玉県さいたま市浦和区常盤 10-6-11
Tel 048-829-7007　営業時間 10:00 〜 18:00　定休日 水曜
アクセス JR 線北浦和駅より徒歩 7 分　https://acacier.co.jp/

ひとつの菓子と
とことん向き合い、
おいしさへの答えを出す。

興野 燈
Akashi KYONO

　クリームが菓子の中で最も重要かというと、決してそうではない。パティシエはパート（生地）の職人だ。菓子はまずパートありき。生地を作り、それをおいしく食べてもらうためにクリームは存在する。生地が主役だとしたら、クリームは欠かせない名脇役。クリームの出来上がりいかんによって、生地の味わいも変わってくるからだ。生地が 1 番だとしたらクリームは 2 番目、ではなく 1.5 番目、ぐらいの存在だと僕は考えている。

　クリームづくりで重要なのは、自分が目指す味に対して信念を持つこと。そしてそのクリームを実現するための理論をしっかり理解しておくことだ。クリームに限らず、菓子づくり全般にいえることでもある。基本の味を正確に作ることができ、なぜそうなるのか、が体得できて初めて、本当においしい菓子は生み出せる。

　今、菓子はどんどん複雑になっている。目先の変化に惑わされ、小手先のアイデアや技術で次々と創作菓子を作る若いパティシエも多い。それよりも僕は、誰もが知っているような、伝統的でシンプルな菓子をよりおいしくすることのほうに重点をおいている。サントノレにしろミルフイユにしろ、100 年以上も前に考案され、今も愛される菓子というのは、思いつきのアイデアひとつで味が変えられるものではない。今の時代に食べてより印象的にするために、足りないのは何か。甘味か酸味か、食感のアクセントか口溶けか。一つひとつの菓子ととことん向き合い、構成要素をじっくり吟味する。そうすることで、答えは見えてくる。

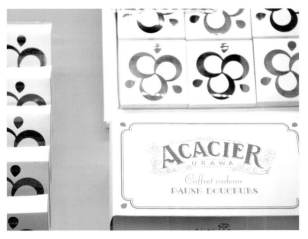

JR北浦和駅から大通りを歩き、北浦和公園を過ぎて1本入った閑静な通りにある「アカシエ北浦和本店」。パリの街角を彷彿とさせる、オレンジをアクセントに配した瀟洒な建物が目を引く。ショーケースには、興野シェフ自ら産地に足を運んで選んだ食材から作り出される、華やかで繊細な菓子が並ぶ。オリジナルパッケージ入りの贈答用の焼き菓子も人気が高い。地元住民はもちろん、全国からパティスリー愛好家が訪れる。

# 八ヶ岳

# café & stay Région 八ヶ岳
## カフェ＆ステイ レジオン 八ヶ岳

〒 391-0114 長野県諏訪郡原村第 2 ペンションビレッジ 17217-1704
Tel 0266-55-8724　カフェ営業時間 8:30 ～ 16:30（16:00 L.O）　定休日 水・木曜
アクセス 中央自動車道諏訪南インターより車で 15 分　https://regioncafelabo.wixsite.com/mysite

安全な素材を吟味し、
完成イメージから作りたい
クリームを追求する。

藤巻正夫
Masao FUJIMAKI

菓子づくりにおいて、生地とクリーム、どちらが主役、ということはない。生地が上手に焼けても、クリームが失敗したらその菓子は台無しになる。逆もしかり。全工程がうまくいって、初めて菓子として成立する。

私の場合は、完成菓子のイメージありきで、作るクリームが決まってくる。かつて、非常に味わいは軽いけれど、チョコレートの味はしっかり感じるムース・ショコラを作りたいと考えた。そのときは生クリームにカカオマスを合わせ、配合により乳化しないガナッシュを作り（カ

カオマスが多いため）、そこにムラング・イタリエンヌをたっぷりと合わせた。ガナッシュが分離しているので、キシキシとした歯触りのおもしろいムースとなり、カカオの味もしっかり出て求める軽さに仕上がった。

世の中に、誰も知らない新しいクリームというものはたぶん存在しない。だが先達のアイデアと努力によってできた基本といわれるクリームに、少し自分らしいアレンジをするだけで、わずかでも進化した菓子はできるのだ。

神奈川県横浜市でフランス菓子

店「レジオン」を営んでいたとき、店の菓子やパンには食品添加物は一切使用せず、極力無農薬、低農薬の素材を選んでいた。砂糖は精製されていない国産と外国産を使い分け、小麦には一部神奈川県産のものを採用し、全粒粉は自家製粉していた。

現在は、自然豊かな八ヶ岳に拠点を移し、宿泊ができるカフェを運営している。地元の農家の協力も得ながら、横浜時代と同じく本当に安全でおいしい商品を提供し、食を通して元気になれるさまざまな提案をしていきたいと考えている。

雄大な八ヶ岳の裾野に広がる高原の村にある「カフェ＆ステイ レジオン八ヶ岳」は2020年7月開業。カフェでは焼きたてのパンや新鮮な野菜をたっぷり使った軽食、作りたてのデザートを提供し、パンや焼き菓子はテイクアウトもできる。木のぬくもりが心地よい山小屋風の客室も併設し、さまざまな食文化体験ラボも開催している。

# ときわ台

# pâtisserie LA NOBOUTIQUE
## パティスリー・ラ・ノブティック

〒 174-0071　東京都板橋区常盤台 2-6-2 池田ビル 1F　Tel 03-5918-9454
営業時間 10:00 〜 19:00　定休日 火曜
アクセス 東武東上線ときわ台駅から徒歩 1 分　http://www.noboutique.net/

生地をおいしく
食べてもらうために
存在するクリーム。

日髙宣博
Nobuhiro HIDAKA

クリームと生地を合わせた菓子を作る際、考え方は 2 通りあると思う。クリームを使ったムースなどをより引き立てるために生地を添えるか、生地をより引き立てるためにクリームを添えるか、だ。私の考え方は後者。作りたい、食べてもらいたい生地があり、それに合わせてクリームを構成していく。P.24 で紹介したヴィエノワは、その典型といえる。

ただ、その菓子が「何の菓子なのか」を語るのはクリームの役目だろう。ピスタチオのクリームであったら、口に入れたときに広がるピスタチオの味が、その菓子の「顔」となる。使用した素材の個性が、よりダイレクトにわかりやすく表に出るのはクリームだ。

だから、生地の個性を充分に引き出すためにも、合わせるクリームの選択は重要になる。ムースのようなふんわりとしたものよりは、味のしっかりしたクリームのほうが、自分の作る生地にはバランスがよい。

大手企業で管理職も経験し、50代を前に独立開業をした。ひとりの作り手として今、一から菓子づくりの基本を見直している。ショートケーキひとつに対しても、「本当にこれでよいか」と自問している。

若い頃は珍しい素材を多用したり、個性を強く打ち出すことにこだわった時期もあった。今、作っていきたいのは、フランス菓子をベースにしながら、日本の季節感を取り入れ、日本人ならではの細やかな心づかいが反映されたもの。材料はシンプルで、子供からお年寄りまで、幅広い層が安心して口にできる菓子だ。その中に自分がこれまで蓄えてきたものを、個性としてさりげなく出していきたいと考えている。

東武東上線で池袋から5駅目、ときわ台駅前からすぐの場所にある「パティスリー・ラ・ノブティック」。パティスリー空洞地帯といわれる私鉄沿線にあり、地元だけでなく、埼玉方面からも手土産や自宅用の菓子を求めに沿線住民が訪れる。生菓子は常時約30種類、焼き菓子は40〜50種類、チョコレートやコンフィチュールも揃えている。

# Ryoura
リョウラ

〒 158-0097 東京都世田谷区用賀 4-29-5 グリーンヒルズ用賀 ST 1F　Tel 03-6447-9406
営業時間 11:00 ～ 18:00　定休日 不定
アクセス 東急田園都市線用賀駅から徒歩 5 分　https://www.ryoura.com

クリームは、
菓子の印象を左右する
重要なパーツ。

菅又亮輔
Ryosuke SUGAMATA

　菓子づくりにおいて、クリームは構成要素、パーツのひとつ。生地を印象づけるために欠かせないものだが、主役ではない。かといって陰の存在ではない。なぜなら、菓子を食べたときに最後まで口の中に残り、印象を左右するのがクリームだからだ。

　僕がクリームを作るときにもっとも真剣に考えるのは「このクリームを食べた人に、何を感じてもらえるか」だ。クリームは扱い方によって、ヴァニラだったり酒だったり、自分が一番伝えたい味を、伝えたい順番に表に出すことができる。

　クリームの持つ油脂のねっとり感が、合わせるフルーツの酸味や苦みをやわらげる。甘味を引き上げもする。またその菓子の中で、自分がどの味を強調させたいかによっても、使うクリームは変わってくる。

　店にはロールケーキやプリンなど馴染みのものから、創作菓子、さらに僕のフランスでの修行先であるアルザスの郷土菓子まで幅広く揃えている。常に頭にあるのは、ひとつの菓子にいろいろな要素を盛り込むのではなく、主素材をひとつ決め、それをおいしく食べるにはどうするか、という工夫をしていくこと。例えば、本書の P.278 で紹介したタルト・オ・カシスは、各パーツにカシスを使っている。パーツ自体を単体で食べてもその本当のおいしさは発揮されない。だが一体となったとき、「カシスを食べている」という感覚がしっかり伝わるよう作り上げる。

　味も、口溶けも温度も違うパーツを組み合わせ、いかに印象的な味を作り出すか。菓子づくりの醍醐味だ。

東急田園都市線用賀駅から北上すること徒歩5分に「リョウラ」
は位置する。建物の外観と同様、内装も爽やかな水色で統一さ
れている。古い調度品や小物を配した店内は、ショーケースには
色とりどりのマカロンやプチガトー、三方の棚やテーブルには焼
き菓子やコンフィチュール、ギフト類が種類豊富に並ぶ。旬の果
物を積極的に取り入れ、菓子を通じて季節が感じられる。

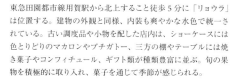

## 東陽町

# Éclat des Jours
エクラデジュール

〒135-0016　東京都江東区東陽 4-8-21 TSK 第2ビル 1F
Tel 03-6666-6151　営業時間 10:00 〜 19:00　定休日　火・水
アクセス 東京メトロ東西線東陽町駅から徒歩2分　http://www.eclatdesjours.jp/

パーツとの組み合わせで
みずみずしく喉ごしのよい
クリームを。

中山洋平
Yohei NAKAYAMA

　菓子を構成する要素の中で、輪郭となるのは生地だろう。クリームは、味わいの核となる存在だ。作り手が表現したいメインとなる味を印象づけ、わかりやすく伝えてくれる。

　同じクリームでも、配合だけでなく製法によって仕上がりは変わる。乳化をしっかりとって滑らかに仕上げるとか、軽やかな口溶けのために十分に攪拌して空気を含ませるなど、微妙なさじ加減が、食べたときの印象を大きく左右する。だから基本のクリームであっても、一つひとつの作業からは気が抜けない。

　私の作る菓子は、クラシックなフランス菓子の濃厚な味わいがベース。そこに口溶けのよさやみずみずしさ、喉ごしのよさで工夫をし、日本人にとって食べやすいように仕上げる。

　クリームの食感はみずみずしさにつながるが、単に水分量を増やすのではなく、パーツや素材との組み合わせの中で行うようにしている。タルトの土台のクレーム・フランジパーヌやクレーム・ダマンドの中に冷凍フルーツを焼き込んだり、凝固剤でゆるく固めたクーリやクレーム・ブリュレを組み入れたり、リ・オ・レにクレーム・アングレーズを混ぜてヴェリーヌ仕立てにする（P.208）などが、その例だ。

　また、大幅にセオリーをはずすことなく、例えばムラング・イタリエンヌのシロップの砂糖をハチミツにするなど、少し変化で、完成するクリームのバリエーションは幾通りにも広がる。パーツの一つでありながら、作り手の個性が無限に表現できるところが、クリームの魅力だろう。

生クリームを、砂糖を加えずに泡立てたものをクレーム・フエテ、

砂糖を加えて泡立てたものをクレーム・シャンティイという。

一般的にはホイップクリームと呼ばれる。

パリ郊外にある、シャンティイ城という真っ白な城にその名は由来する。

そのまま絞って飾るほか、キャラメルやチョコレートなどで味をつけて使う。

生クリームは、含まれている脂肪球がぶつかり合ってつながり、

編み目状の組織を作ることにより泡立つ。

温度変化に左右されやすい脂肪球が安定した状態で泡立つためには、

あらかじめ道具をよく冷やしておくか、

氷水などで冷やしながら作業することが必要だ。

泡立てる温度が高いと分離しやすくなるため、充分に注意したい。

泡立てたあとも冷蔵庫に入れておくなど、

温度管理が重要となる。

# Meringue Chantilly Caramel Salé

ムラング・シャンティイ・キャラメル・サレ

興野 燈

§

店の商品で唯一 "シャンティイ" という名のついた菓子である。

ムラングとシャンティイ、ふたつの要素が互いに

主張し合って成り立つ、シンプルだが実に趣きのある菓子である。

ムラングは、サクサクとした歯ざわりとそのあとのふわっとした口溶けが身上。

それが時間の経過とともに、間に挟み、上に絞った

シャンティイの水分を吸っていくことでクシャッとした食感に変化する。

2つの要素が一体化していく、

この一体感は、ほかの組み合わせでは表現できない。

そこにムラングに対してシャンティイの、

またその逆の存在価値があると考えている。

シャンティイには、少量のパティシエールを混ぜているが、

ヴァニラ風味のコクを足してマイルドにするためだ。

しかし、入れすぎるとシャンティイらしさが失われるので、

この分量が限界である。

## 材料 (26個分)

[ムラング]
卵白 ──────── 200g
グラニュー糖 ──────── 200g
乾燥卵白 ──────── 2g
粉糖 ──────── 200g

アーモンドスライス ──────── 適量
粉糖 ──────── 適量

[バーズ・ドゥ・キャラメル・サレ]
生クリーム (47%) ──────── 240g
水飴 ──────── 80g
塩 ──────── 4g
グラニュー糖 ──────── 120g
ミルクチョコレート (40%) ──── 40g
※分量は作りやすい量

[シャンティイ・キャラメル・サレ]
バーズ・ドゥ・キャラメル・サレ
──────── 360g
クレーム・パティシエール ──── 360g
→ P.44 参照
生クリーム (38%) ──────── 840g
グラニュー糖 ──────── 60g

## 作り方

[ムラング]

**1** ミキサーボウルに卵白を入れ、グラニュー糖と乾燥卵白を合わせたものを加え (a)、高速で泡立てる (b)。

**2** 角がピンと立つまでしっかり泡立てたら (c)、ふるった粉糖を一度に加え (d)、さっくりと混ぜる。
※混ぜ終わった状態 (e)。粘りが出て、滑らかになる

**3** 天板に紙を敷く。12mmの丸口金をつけた絞り袋に2のムラングを入れ、7×5cmのコキーユ形に絞る (f)。

**4** アーモンドスライスをのせる (g)。

**5** 粉糖をたっぷりとふる (h)。

**6** 120℃のオーブンで3時間焼いたあと、電源を切り、余熱で一晩乾燥焼きにする (i)。
※中心までほんのり焼き色のついたムラングになる

a

b

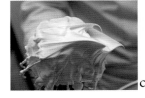
c

d

e

f

g

h

i

［バーズ・ドゥ・キャラメル・サレ］

**1** 鍋に生クリーム、水飴、塩を合わせて火にかけ、混ぜながら水飴が溶けるまで温める。

**2** 銅ボウルを火にかけ、グラニュー糖を少しずつ溶かしながら焦がしていく（j）。

**3** 赤茶色に色づいたら（k）、1の生クリームを注ぎ（l）、温度計を入れて106℃まで煮詰める（m）。

**4** 火からおろし、混ぜながら50℃程度になるまで温度を下げる（n）。
※温度が高いと、乳脂肪分の高いミルクチョコレートと合わせる際に分離する

**5** 溶かしたミルクチョコレートに加え、しっかり混ぜ合わせる（o）。容器に移し、冷蔵庫で保存する。

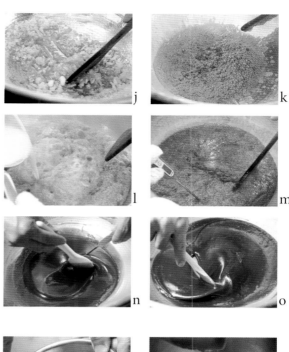

［シャンティイ・キャラメル・サレ］

**1** バーズ・ドゥ・キャラメル・サレとクレーム・パティシエールを混ぜ合わせる（p）。
※シャンティイにコクを出すために、隠し味としてパティシエールを加える

**2** 生クリームとグラニュー糖をミキサーボウルに入れ、1を加える（q）。

**3** 高速で十分立てまで泡立てる（r、s）。

［組み立て］

**1** 12mmの星口金をつけた絞り袋にシャンティイ・キャラメル・サレを入れ、冷ましたムラングの裏面に絞る（t）。

**2** 2個1組で挟む（u、v）。

**3** 金ケースの上に接着用にシャンティイ・キャラメル・サレを少量絞り（w）、2をのせる（x）。

**4** 上にもシャンティイ・キャラメル・サレを絞る（y）。

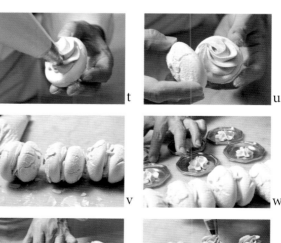

# Éclair Marron

エクレール・マロン

藤巻正夫

§

東京の菓子屋で見習いとして働き始めた頃、
デコレーションケーキに使われるクリームは、
バタークリームからクレーム・シャンティイへと移行する転換期だった。
ミルクのやさしい香りと、ふわっと軽い口溶けに感動したことを覚えている。
2種類のマロン風味のクリームを2層に重ね、
そんなシャンティイの味わいを楽しめるように作ったエクレール。
下のクリームにはパート・ドゥ・マロンとクレーム・パティシエールを混ぜ、
濃厚なモンブラン風に。
上には和栗のペーストとムラング・イタリエンヌを合わせ、軽さを出した。
ムラング・イタリエンヌが入ることにより、
生クリームの脂肪分が通常より軽く感じられるようになる。
泡立てにはホイップマシンを使用。空気がきれいに入り軽く仕上がるうえ、
微妙な立て具合も調整でき失敗が少ない。

## 材料 (20個分)

[パータ・シュー]

| | |
|---|---|
| 牛乳 | 500g |
| ミネラルウォーター | 500g |
| 天然塩 | 15g |
| 発酵バター | 450g |
| 強力粉 | 275g |
| 中力粉 | 275g |
| 全卵 | 1000g |

※分量は作りやすい量

| | |
|---|---|
| ドリュール | 適量 |

[クレーム・シャンティイ・マロン
（フランス栗）]

| | |
|---|---|
| パート・ドゥ・マロン | 100g |
| クレーム・パティシエール | 160g |
| → P.49 参照 | |
| 生クリーム (39%) | 160g |

[クレーム・シャンティイ・マロン
（和栗）]

| | |
|---|---|
| 和栗ペースト | 200g |
| 生クリーム (34%) | 120g + 280g |
| ムラング・イタリエンヌ | 100g |
| 粗糖 | 130g |
| ミネラルウォーター | 62g |
| トレハロース | 52g |
| 卵白 | 109g |

※分量は作りやすい量

## 作り方

[パータ・シュー]

1 銅ボウルに牛乳と水、天然塩、発酵バターを合わせて火にかける(a)。

2 沸騰したら火を止め、強力粉と中力粉を合わせて一度に加え(b)、手早く混ぜる。

3 粉が見えなくなったら中火にかけ、練る(c)。鍋底に薄い膜が張るようになり、まとまったら火からおろす(d)。

※粉にしっかり火を入れることでデンプンが糊化し、シューを作る重要なポイントとなる

4 ミキサーに移して低速で回し、溶きほぐした全卵を 3、4 回に分けて加える(e)。

※生地が温かいうちに入れ終えること

5 ミキサーから外し、手で状態を確認しながら均一に混ぜる(f)。

※すくうとゆっくり流れ落ちる状態になれば OK

6 12mmの丸口金をつけた絞り袋に入れ、シルパンを敷いた天板に 10cm幅に絞る(g)。

7 ドリュールを塗り (h)、フォークで筋をつける(i)。

8 200℃のオーブンで 35 ～ 40 分焼成する(j)。

※生地が浮いてきたら下火を切り、8 割程度まで焼き上がったらダンパーを開き、さらに割れたところに焼き色がつくまでしっかり焼く

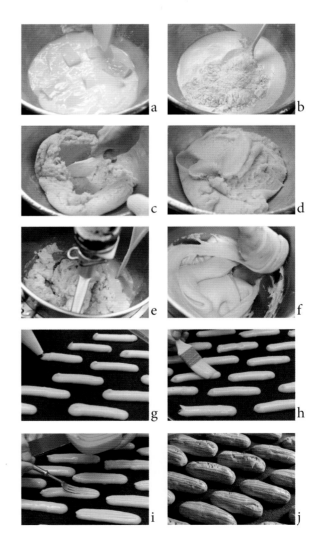

[クレーム・シャンティイ・マロン
（フランス栗）]

1 パート・ドゥ・マロンとクレーム・パティシエールをよく混ぜ合わせる（k）。

2 ホイップマシンで九分立てにした生クリームの一部を1に加え、馴染むまでしっかりと混ぜる（l）。

3 残りの生クリームを合わせて混ぜる（m）。途中でゴムベラに持ち替え、ふんわりとした状態に整える（n）。

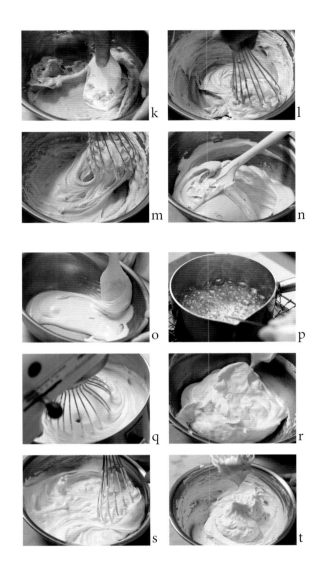

[クレーム・シャンティイ・マロン（和栗）]

1 和栗ペーストと生クリーム120gを混ぜ合わせ、なめらかな状態にする（o）。

2 ムラング・イタリエンヌを作る。銅鍋に粗糖と水、トレハロースを加えて火にかけ、118℃まで熱する（p）。

3 卵白を六分立てまで泡立て、2のシロップを少しずつ加えながら高速でさらに泡立てる（q）。シロップが全体にまわったら低速に落とし、冷めるまで回す。

4 ホイップマシンで生クリーム280gを九分立てにし、3のメレンゲと合わせる（r）。

5 4の一部を1に加える。しっかりと混ぜてよい（s）。これを4のボウルに戻し、ふんわりと混ぜ合わせる（t）。

[組み立て]

1 シューが冷めたら縦に切り込みを入れる（u）。

2 12mmの丸口金をつけた絞り袋にクレーム・シャンティイ・マロン（フランス栗）を入れ、30gを絞る（v）。

3 クレーム・シャンティイ・マロン（和栗）を12mmの丸口金をつけた絞り袋に入れ、2の上に40gを螺旋状に絞る（w）。

# Viennois

ヴィエノワ
日髙宣博

§

若い頃、ヨーロッパ旅行中に
ウィーンの店で食べた菓子から着想を得ている。
ヘーゼルナッツ風味の、香ばしく重みのある生地の味に感動。
それから試行錯誤をし、生地と、それに合うクリームを完成させた。
クレーム・シャンティイにバターを合わせ、
クルミのリキュールを加えたシンプルなクリームだが、
そのシンプルさが生地を引き立てるのだ。
クリームには口溶けと保形性、両方が欲しかった。
したがってゼラチンを使わず、バターで固める方法をとっている。
バターが入るとクリーム全体の脂肪分が高くなり、
分離しやすいという難点がある。それを防ぐには、
シャンティイに合わせる溶かしバターの温度が重要。
低いと混ざっていかず、高いと分離が早い。
適温は 60℃。合わせたら混ぜすぎないこともポイントだ。

## 材料 （6×4cmの6角セルクル約35個分）

**［パート・ヴィエノワ］**
（49×34×4.5cmの角型1台分）

| | |
|---|---|
| 無塩バター | 460g |
| 粉糖 | 300g |
| 卵白 | 600g |
| 乾燥卵白 | 10g |
| グラニュー糖 | 180g |
| 卵黄 | 500g |
| ケーキクラム | 180g |
| ヘーゼルナッツプードル | 560g |

**［グラサージュ・ショコラ］**

| | |
|---|---|
| 生クリーム（42%） | 300g |
| 水 | 360g |
| トレハロース | 90g |
| ココアパウダー | 150g |
| グラニュー糖 | 360g |
| ナパージュ・ヌートル | 300g |
| 板ゼラチン | 27g |

**［クレーム・ヴィエノワ］**

| | |
|---|---|
| 生クリーム（42%） | 930g |
| グラニュー糖 | 44g |
| トレハロース | 44g |
| クルミのリキュール | 70g |
| ブランデー | 10g |
| 無塩バター | 93g |
| | |
| クラクレン・ダマンド | 適量 |

## 作り方

### ［パート・ヴィエノワ］

**1** 常温でポマード状にしたバターをミキサーで回し、粉糖を一度に加えて混ぜる（a）。

**2** 卵白と乾燥卵白を合わせて泡立て、グラニュー糖を加えてさらに泡立て、しっかりとしたメレンゲを作る。

**3** 1に卵黄を3回に分けて加え混ぜる（b）。ふんわりとしてきたらケーキクラムを一度に加え（c）、混ぜる（d）。
※ケーキクラムは水分を吸うと締まるのでメレンゲを加える直前に入れること

**4** ミキサーから外し、2のメレンゲの一部を加え、下から上へとすくい上げるようにさっくりと混ぜる（e）。

**5** ヘーゼルナッツプードルを一度に加え混ぜる（f）。

**6** 残りのメレンゲを数回に分けて合わせ（g）、仕上げはカードで混ぜてきめを整える（h）。
※メレンゲは入れたら全体に広げて軽くおさえるようにしてから合わせると、均一に混ざりやすい

**7** 紙を敷いた型に流し（i）、180℃のオーブンで約60分焼成する（j）。

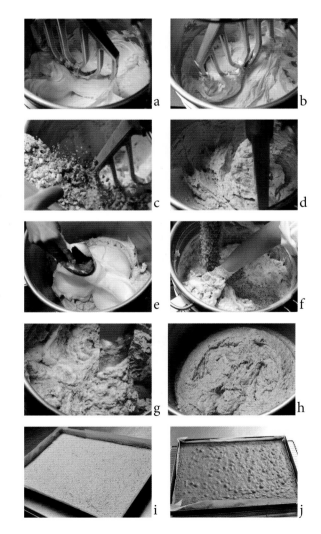

[グラサージュ・ショコラ]

1 銅鍋に生クリーム、水、トレハロースを合わせて沸かし、ココアパウダーとグラニュー糖を加える(k)。

2 ホイッパーで絶えず混ぜながら、中火〜強火で15分程度煮詰め(l)、火を止める。

3 温めたナパージュ・ヌートルを加え(m)、水でふやかした板ゼラチンを加え混ぜる。

4 シノワで漉し(n)、ラップを密着させて休ませる。

[クレーム・ヴィエノワ]

1 生クリームにグラニュー糖とトレハロースを合わせ、七分立てにする(o)。

2 クルミのリキュールとブランデーを加える。

3 溶かして60℃程度に温めたバターに、泡立てた生クリームの一部を加え混ぜる(p)。

4 3を生クリームのボウルに戻し(q)、ホイッパーでバターが全体に行き渡るように混ぜる(r)。

※合わさったらOK。混ぜすぎると分離する

[組み立て]

1 パート・ヴィエノワが冷めたら焼き目をそぎ落とし、厚さ1.5cmと1cmに2枚スライスする。

2 厚さ1.5cmの生地を使用する型で抜き、底生地にする(s)。厚さ1cmの生地は直径4.5cmのセルクルで抜く。

3 クレーム・ヴィエノワを丸口金をつけた絞り袋に入れ、型の約2/3の高さまで絞る(t)。

4 直径4.5cmのパート・ヴィエノワをのせ、上にもクレーム・ヴィエノワを絞る(u)。

5 パレットナイフで平らにならし(v)、ショックフリーザーで急速冷却する。

6 型から外してグリルにおき、ハンドブレンダーで滑らかに戻したグラサージュ・ショコラをかける(w)。

7 クラクレン・ダマンドをのせる(x)。

# Forêt Noire

フォレ・ノワール

菅又亮輔

§

フランス・アルザス地方ではポピュラーな菓子。
修業先の「ティエリー・ミュロップ」で作っていたものがもとになっている。
グリオットチェリーの入れ方や、
ビスキュイに打つシロップなど細部にまでこだわりがあった。
地方菓子でありながら洗練されていることに衝撃を受け、
フランス菓子っていいなと、見直すきっかけとなった菓子だ。
ガナッシュと泡立てた生クリームを合わせ、
シャンティイ・ショコラ風に仕上げたムース・ショコラと、
キルシュを効かせてゼラチンで固めたクレーム・シャンティイ。
2種類のシャンティイを、キルシュ漬けの
チェリーのフレッシュ感とともに味わって欲しい。
脂肪分の低い生クリームをしっかりと泡立て、
軽やかさを出すことがポイントだ。

## 材料（90個分）

[ビスキュイ・ジョコンド]
（60×40cmの天板1枚分）

| | |
|---|---|
| 全卵 | 155g |
| 粉糖 | 90g |
| アーモンドプードル | 110g |
| 気泡剤 | 3g |
| 安定剤 | 25g |
| トリモリン | 10g |
| 卵白 | 96g |
| グラニュー糖 | 205g |
| 薄力粉 | 30g |
| 溶かしバター | 20g |

[ジェノワーズ・ショコラ]
（60×40cmのカードル2台分）

| | |
|---|---|
| パート・ダマンド | 150g |
| グラニュー糖 | 365g |
| 全卵 | 750g |
| 気泡剤 | 20g |
| 薄力粉 | 250g |
| ココアパウダー | 100g |
| 溶かしバター | 100g |

[コンフィチュール・グリオット]
グリオットチェリー・ピューレ

| | |
|---|---|
| | 250g |
| グラニュー糖 | 125g |
| ペクチン | 4g |
| レモン汁 | 15g |

[グリオット・マリネ]

| | |
|---|---|
| シロップ（30°B） | 1000g |
| グリオットチェリー | 1200g |

[グリオット・シロップ]
グリオット・マリネのシロップ

| | |
|---|---|
| | 1200g |
| キルシュ | 110g |

[ムース・ショコラ]

| | |
|---|---|
| 生クリーム（38%） | 1000g |
| チョコレート（64%） | 400g |
| 牛乳 | 75g |

[クレーム・シャンティイ]

| | |
|---|---|
| 生クリーム（38%） | 1050g |
| 粉糖 | 90g |
| 牛乳 | 65g |
| 板ゼラチン | 7g |
| キルシュ | 120g |

グリオットチェリーのキルシュ漬け

| | |
|---|---|
| | 350g |
| チョコレートのコポー | 適量 |

## 作り方

[ビスキュイ・ジョコンド]

1 全卵を40℃程度に温め、粉糖とアーモンドプードルとともにミキサーにかけ、中速で泡立てる。

2 混ざったら、気泡剤、安定剤、トリモリンを合わせたものを加え、高速に切り替え、全体が白っぽく、もったりするまで泡立てる（a）。

3 卵白とグラニュー糖を合わせて高速で泡立て、メレンゲを作る（b）。

4 メレンゲを2に一度に加え、合わせる。

5 薄力粉を加え、さっくりと混ぜる（c）。

6 40～50℃に温めた溶かしバターを加え、混ぜる（d）。

7 シルパットを敷いた天板に流し、広げる（e）。

8 180℃のオーブンで約8分焼成する（f）。

a

b

c

d

e

f

[ジェノワーズ・ショコラ]

1 パート・ダマンドとグラニュー糖を合わせ、ミキサーの中速で混ぜる(g)。

2 そぼろ状になったら、40℃程度に温めた全卵を少しずつ注いでいく(h)。
※一度に加えるとダマになるので、卵1個分ずつくらいを目安に、混ざれば次、というように加える

3 滑らかな状態になったら(i)、ホイッパーに替え、残りの卵を流し入れながら高速で回す(j)。気泡剤を加える。

4 もったりし、とろとろと流れる状態になったら(k)ミキサーから外し、ボウルに移す。

5 薄力粉とココアパウダーを合わせてふるったものを加え、混ぜる(l)。

6 40〜50℃に温めた溶かしバターを加える。

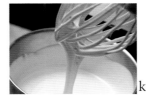

7 天板の上にシルパットとカードルをおき、6を830g流し、平らに広げる(m)。

8 180℃のオーブンで約15分焼成する(n)。

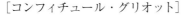

[コンフィチュール・グリオット]

1 鍋にグリオットチェリー・ピューレとグラニュー糖の一部を合わせ火にかける。

2 絶えず混ぜながらグラニュー糖を溶かし、沸騰直前に残りのグラニュー糖とペクチンを合わせたものを加え(o)、混ぜる(p)。

3 沸騰したら火からおろし、氷水にあてながら冷やす(q)。

[グリオット・マリネ]

1 シロップを沸かし、グリオットチェリーを入れたボウルに注ぐ(r)。

2 チェリーが浮いてこないように表面にラップを密着させる(s)。常温で一晩おき、漉してシロップとチェリーに分ける。

［グリオット・シロップ］

1 グリオット・マリネのシロップに、キルシュ
　を加えて混ぜる。

［ムース・ショコラ］

1 生クリームを八分立てにする（t）。

2 チョコレートを 50 ～ 52℃に溶かし、牛乳を
　加えてよく混ぜ、ガナッシュを作る（u、v）。

3 1 の生クリームの一部を加え、混ぜる（w）。
　※目安はガナッシュの容量よりやや少ない程度

4 締まってきたら湯煎にかけて混ぜながら
　40℃程度まで温める（x）。湯煎からおろし、
　しっかり混ぜて乳化させる。
　※途中で一度分離するが混ぜているうちに乳化する

5 残りの生クリームの半量を加え混ぜる（y）。
　締まってきたら 4 と同じ要領で熱をつけ、分
　離させてから乳化させる。
　※混ぜ終わりが 31℃になるようにする

6 残りの生クリームを加え混ぜ、最後はゴムベ
　ラに持ち替えて均一に混ぜる（z）。

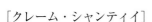

［クレーム・シャンティイ］

1 生クリームをミキサーで泡立て、六分立てぐ
　らいになったら粉糖を加え（a'）、さらに泡立
　てて九分立てにする（b'）。

2 ボウルに移し、牛乳を加え混ぜる（c'）。

3 水でふやかした板ゼラチンとキルシュを合
　わせて溶かす。ここへ 2 の生クリームの一
　部を加え、馴染ませる（d'）。

4 生クリームのボウルに戻し（e'）、ふんわりと
　混ぜ合わせる（f'）。

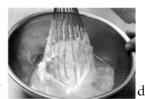

［組み立て］

1 プラックに紙を敷き、60 × 40 × 5cmのカードルをのせる。焼き上がったジェノワーズ・ショコラをシルパットごと焼き目を下にして入れ、シルパットをはがす（g'）。

2 グリオット・マリネとグリオットチェリーのキルシュ漬けを合わせ、ペーパーの上で余分な汁気をとる（h'）。

3 グリオット・シロップの1/3量を1にアンビベする（i'）。
※パート・ダマンドの入ったしっかりした生地なので、シロップを大量に打ってもくずれることはない

4 ムース・ショコラを仕上げ用に一部残して入れ、平らにならす（j'）。

5 2枚目のジェノワーズ・ショコラの焼き目を下にして入れ、シルパットをはがし（k'）、上から押さえる（l'）。

6 残りのグリオット・シロップの1/2量をアンビベする（m'）。

7 クレーム・シャンティイを入れ、平らにならす（n'）。

8 2のチェリーを全体に散らし（o'）、パレットナイフで押さえて平らにならす（p'）。

9 ビスキュイ・ジョコンドの焼き目を下にして入れシルパットをはがし（q'）、残りのグリオット・シロップをアンビベする（r'）。

10 残りのムース・ショコラをのせてならし（s'）、冷蔵庫で冷やす。

11 表面が固まったらコンフィチュール・グリオットを塗り広げ（t'、u'）、ショックフリーザーで急速冷却する。

12 周りをバーナーで温めてカードルを外す。

13 9 × 2.5cmにカットし（v'）、チョコレートのコポーを飾る。

# Passion Chocolat

パッション・ショコラ

中山洋平

§

クレーム・シャンティイにホワイトチョコレートを加えた

シャンティイ・ショコラ・ブランを使用し、

ミルキーさが際立つ菓子を作りたいと考えた1品。

ココナッツとアーモンド、味と食感が異なる生地に、

パッションフルーツのエキゾチックな甘酸っぱさが魅力のクリームを

組み合わせ、味わいに緩急を持たせた。

シャンティイ・ショコラ・ブランに使う生クリームは

乳脂肪分40％の乳のコクと旨味が際立つものを採用。

ホワイトチョコレートとの相性を考えてのことだ。

チョコレートを加える場合、混ぜ方や温度管理が適切でないと分離したり、

チョコレートが固まってチップ状になったりする。

最初にチョコレート溶かすときは60℃に調整するなど、コツを押さえたい。

## 材料 （直径 5.5cm×高さ 6cm約 20 個分）

[ダックワーズ・ココ]
卵白 ————————— 250g
グラニュー糖 ————— 70g
アーモンドパウダー（皮なし）– 240g
粉糖 ————— 240g+適量
薄力粉 ————————— 10g
ココナッツファイン ——— 45g

[ビスキュイ・オ・ザマンド]
（33 × 48cmのカードル1台分）
卵黄（加糖 20%）———— 220g
グラニュー糖 ——— 80g +80g
卵白 ————————— 210g
薄力粉 ———————— 115g
アーモンドパウダー（皮なし）– 140g
無塩バター ————— 80g

[アンビバージュ・パッション]
パッションフルーツ・ピューレ 200g
シロップ（30° B）———— 200g
ココナッツ・リキュール —— 70g

[クレーム・パッション]
卵黄（加糖 20%）———— 125g
グラニュー糖 ————— 70g
パッションフルーツ・ピューレ 250g
板ゼラチン ——————— 7g
生クリーム（35%）——— 500g
粉糖 ———————— 100g

[シャンティイ・ショコラ・ブラン]
ホワイトチョコレート（35%）– 225g
クレーム・シャンティイ
　生クリーム（40%）—— 1000g
　粉糖 ——————— 30g
※上記の分量で作り、750g 使用

[グラサージュ・ショコラ・ブラン]
パータ・グラッセ（ホワイト）— 500g
ホワイトチョコレート（35%）– 250g
サラダオイル ————— 50g
※材料を合わせて湯煎で溶かす

ココナッツファイン ———— 適量
クレーム・シャンティイ（加糖 8%）– 適量
パッションフルーツ ———— 適量
ナパージュ・ヌートル ——— 適量

## 作り方

[ダックワーズ・ココ]

1 ミキサーボウルに卵白とグラニュー糖を合わせ、ホイッパーで高速で泡立てる (a)。

2 角がピンと立つまで泡立てたら（b）、合わせてふるったアーモンドパウダーと粉糖 240g、薄力粉とココナッツファインを一度に加え、木ベラでさっくりと混ぜ合わせる（c、d）。

3 11mmの丸口金をつけた絞り袋に入れ、紙を敷いた天板の上に直径約 6cmの円形になるように渦巻き状に絞る（e）。

4 粉糖適量を茶漉しで表面に薄く均等にふる（f）。そのまま 1 〜 2 分おき、粉糖が溶けたらもう 1 度、同様に粉糖をふる。
※焼成した際に表面に膜となる粒状の模様（ペルル）ができる

5 180℃のコンベクションオーブンで約 15 分焼成し冷ます（g）。直径 5.5 ×高さ 5cmのセルクルをはめ、はみ出した余分な生地を取り除く（h）。OPP シートを敷いたプラックの上に並べる。

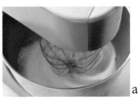a

b

c

d

e

f

g

h

[ビスキュイ・オ・ザマンド]

1 ミキサーボウルに卵黄とグラニュー糖80gを
合わせ、ホイッパーを装着して中〜高速で
攪拌する（i）、白くもったりとして、すくうと
トロトロと流れる状態になったらミキサーを
止める（j）。

2 別のミキサーボウルに卵白とグラニュー糖
80gを合わせ、ホイッパーを装着して泡立て、
角がピンと立ったメレンゲを作る（k）。

3 メレンゲを1に加え、木ベラでさっくりと泡
を潰さないように混ぜ合わせる（l）。

4 半分程度まで混ざり、まだマーブル状のと
きにふるった薄力粉とアーモンドパウダーを
一度に加え（m）、木ベラでさっくりと混ぜ合
わせる。

5 溶かして48℃に調整したバターを加え（n）、
バターが沈まないように底からすくい上げる
ようにしながら、混ぜ残しがないように混ぜ
合わせる（o）。

6 紙を敷いた天板の上に33×48×高さ5cm
のカードルを置き、5を流し（p）、L字パレッ
トで表面が平らになるように広げる（q、r）。

7 180℃のコンベクションオーブンで10〜12
分焼成し、冷ます（s）。

8 板の上に焼き目を下にして置き、紙をはがす
（t）。

9 直径4cmの抜き型で抜く（u）。
※中生地として使用

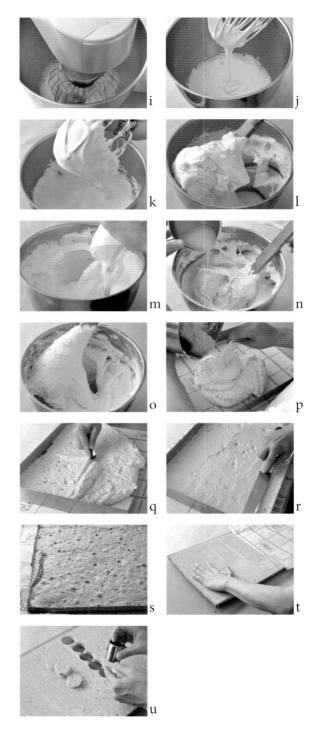

[アンビバージュ・パッション]

1 材料を混ぜ合わせる（v）。

［クレーム・パッション］

1　ボウルに卵黄とグラニュー糖を合わせて泡立て器でよくすり混ぜる（w）。

2　鍋にパッションフルーツ・ピューレを入れて火にかけ、沸騰させる。半量を1に注ぎ（x）、溶き混ぜ、鍋に戻す（y）。

3　中火にかけ、ゴムベラで絶えず底から混ぜながら焦がさないように注意して82℃まで加熱し、とろみをつける。すくうとゴムベラの上に液体がのり、指で筋がつく状態（z）。

4　火からおろし、冷水で戻した板ゼラチンを加え混ぜ（a'）、溶けたらシノワで漉してボウルに移す（b'）。ボウルの底を氷水にあてながら（c'）、20℃ぐらいまで冷やす。

5　生クリームを七分立てまで泡立てる（d'）。
　※泡立て器ですくうと、ぽってりと落ちて下に跡が残る程度

6　5の1/3量を4に加え、泡立て器で混ぜ合わせる（e'）。

7　6を5に戻して泡立て器で混ぜ（f'）、均一な状態になったら粉糖を加えて泡立て器で混ぜ合わせる（g'）。

8　最後はゴムベラに持ち替えて、混ぜ残しがないように底からしっかり混ぜてキメを整える（h'）。

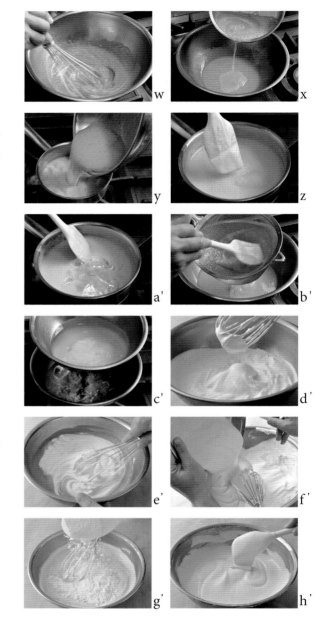

［組み立て］

1　クレーム・パッションを13.5mmの丸口金をつけた絞り袋に入れ、セルクルに敷いたダックワーズ・ココの上に30gずつ絞り入れる（i'）。プラックごと作業台に軽く打ちつけて表面を平らにし、急速冷却する。

2　ビスキュイオ・ザマンドをアンビバージュ・パッションに浸し（j'）、汁気をきって1の上にのせる（k'）。急速冷却する。
　※たっぷり含ませる

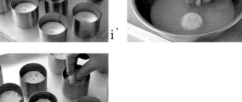

[シャンティイ・ショコラ・ブラン]

**1** ホワイトチョコレートを湯煎で溶かし、60℃に調整する（l'）。

※溶かしたときに温度が低いと、このあと生クリームを加えたときに冷えて固まってしまうため。ただし温度が高いと合わせたときに分離するので60℃が適温

**2** 生クリームと粉糖をボウルに合わせ、ホイッパーで六分立てまで泡立ててクレーム・シャンティイを作る（m'）。

※すくうとトロトロと流れて、落ちた跡が少し積もってから消える程度

**3** クレーム・シャンティイの1/3量を1に加え（n'）、ゴムベラで混ぜ合わせる（o'）。

**4** 合わさったときの温度は27℃程度。混ぜながら40℃になるまで湯煎で熱をつける（p'）。

**5** 4をクレーム・シャンティイのボウルに戻し（q'）、ゴムベラで均一な状態になるまで混ぜてキメを整える（r'）。

※泡立て器で混ぜると分離する

**6** 5を13.5mmの丸口金をつけた絞り袋に入れ、[組み立て]の2にセルクルより少し高くなるように絞り入れる（s'）。

**7** L字パレットで表面を平らにならす（t'）。冷凍庫で中までしっかり冷やし固める。

l'    m'    n'    o'    p'    q'    r'    s'    t'

[仕上げ]

**1** [シャンティイ・ショコラ・ブラン]の7の周囲をバーナーで温め（u'）、型からはずす。

**2** グラサージュ・ショコラ・ブランを50℃に調整し、深さのある筒状の容器に入れる。

**3** 1に波刃のペティナイフを刺して持ち上げ、2に浸し、側面にグラサージュをつけ、引き上げて余分を落とす（v'、w'）。ココナッツファインの上に転がして周囲に接着する（x'）。

**4** 3をバットに並べ、八分立てにしたクレーム・シャンティイを丸口金をつけた絞り袋で上にこんもりと絞る。温めたスプーンで上面を軽く押さえてくぼみを作り（y'）、パッションフルーツの果肉とナパージュ・ヌートルを合わせたものをのせる（z'）。

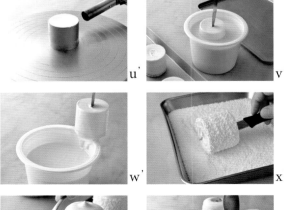

u'    v'    w'    x'

y'    z'

# Partie

# 2

# Crème Pâtissière

クレーム・パティシエール

*p042-045* 興野　燈 ── Éclair　エクレール

*p046-049* 藤巻正夫 ── Salambo　サランボ

*p050-053* 日髙宣博 ── Swan Choux　スワン・シュー

*p054-057* 菅又亮輔 ── Gâteau Basque　ガトー・バスク

*p058-061* 中山洋平 ── Flan　フラン

カスタードクリームのことを、

フランス語ではクレーム・パティシエールと呼ぶ。

意味は「菓子屋のクリーム」で、その名が示す通り、

菓子づくりでは基本中の基本、使用頻度の高いクリームだ。

卵黄と砂糖、小麦粉を混ぜ、牛乳を注いで加熱し濃度をつけていく。

卵黄の凝固力と、小麦粉に含まれる

デンプンの糊化によってクリーム状に固まる。

一般的に、卵黄に砂糖を加えたらよくすり混ぜ、

細かい空気を抱き込ませるようにしておく。

そうすると、熱が加わる際にクッションとなって火がまんべんなく入り、

口溶けのよいクリームに仕上がる。

炊き加減は中火から強火で。

これは小麦粉に充分に火を通して、デンプンを糊化させる必要があるからだ。

炊き上げたら、雑菌の繁殖を防ぐために素早く冷却する。

# Éclair

エクレール

興野 燈

§

パリのパティスリーで、初めて食べて感動した菓子がエクレール。
なかでもカフェのおいしさには素直に驚いた。
しっかり焼き込んだ厚みのあるパリッと香ばしいシューから、
とろりとあふれ出るコーヒー味のクレーム・パティシエール。
そこにフォンダンの苦みばしった甘さが加わる、三位一体の味わい。
店のラインナップにも、エクレールははずすことのできない、
クレーム・パティシエールを使った菓子の代表格である。
しっかりと粉の味がする力強いシュー生地に負けないクリームであるためには、
クレーム・パティシエールそのものでなくてはならず、
生クリームを合わせて軽くすることはしない。
ひと口食べて、目を閉じるとパリの光景が浮かんでくるほど、
エスプリの効いた菓子だ。

## 材料 （16個分）

[パータ・シュー]

牛乳 ———————— 200g
水 —————————— 200g
グラニュー糖 ————— 8g
塩 —————————— 5g
無塩バター ————— 180g
薄力粉 —————— 230g
全卵 ——————— 330g

[クレーム・パティシエール]

牛乳 ——————— 1000g
ヴァニラビーンズ ——— 1本
卵黄 ——————— 200g
グラニュー糖 ——— 210g
薄力粉 —————— 45g
プードル・ア・クレーム ——— 45g
無塩バター ————— 45g
※分量は作りやすい量

[クレーム・パティシエール・カフェ]

クレーム・パティシエール ——— 400g
コーヒー・エキストラ ——— 16g

[クレーム・パティシエール・ショコラ]

生クリーム（35%）————— 80g
グラニュー糖 ————— 32g
チョコレート
（ヴァローナ社 P125）——— 64g
クレーム・パティシエール ——— 260g

フォンダン・カフェ ——— 適量
フォンダン・ショコラ ——— 適量
コーヒービーンズ ——— 適量

## 作り方

[パータ・シュー]

1 鍋に牛乳、水、グラニュー糖、塩、バター
を合わせて火にかける。沸騰したら火から
おろし、薄力粉を加え（a）、混ぜる。

2 まとまったら火にかけ、鍋底に薄く膜がで
るまで、絶えず炒めるように混ぜる（b）。

3 ミキサーに移し、人肌に温めた全卵を少し
ずつ加えながら低速で混ぜる（c）。
※すくうと生地がゆっくりと落ち、そのまま三角形に
とどまれば OK（d）

4 15mmの星口金をつけた絞り袋に入れ、天板
の上に15cm幅に絞る（e）。ショックフリーザー
に入れ、凍らせる。

5 185℃のオーブン（平窯）で 40 分焼き、160℃
に下げてさらに 40 分、コンベクションオーブ
ンに移して140℃で 50 分焼成する（f）。

[クレーム・パティシエール]

1 銅ボウルに牛乳と、さやを縦 2 つに裂いて
種をこそげとったヴァニラビーンズを入れ、
沸かす。

2 ボウルに卵黄とグラニュー糖を合わせてすり
混ぜ（g）、白っぽくなったら薄力粉とプード
ル・ア・クレームを加え混ぜる。

3 粉が見えなくなったら、1の牛乳の一部を加
え、溶き混ぜる（h）。

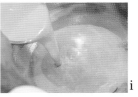

4 これを銅ボウルに戻し（i）、鍋底をかき混ぜながら全体を絶えず混ぜて強火で炊く（j）。
※力まかせに撹拌するのではなく、全体をきっていくような感覚で混ぜる

5 ツヤが出て滑らかになったら火からおろし、バターを加えて余熱で馴染ませる（k）。

6 プラックに広げ、ビニールシートを密着させ（l）、ショックフリーザーで急速冷却する。

7 ボウルの上に漉し器をのせ、6を裏漉しする（m、n）。
※ヴァニラビーンズは最後まで残して香りを移したいので、ここで取り除く

[クレーム・パティシエール・カフェ]
1 クレーム・パティシエールにコーヒー・エキストラを加え（o）、色が均一になるまで混ぜる（p）。

[クレーム・パティシエール・ショコラ]
1 生クリームとグラニュー糖を合わせて沸かし、チョコレートを入れたボウルに加え、混ぜ合わせる。冷めたら、クレーム・パティシエールに加え（q）、混ぜる（r）。

[組み立て]
1 冷ましたシューの裏に3mmの丸口金で4カ所穴をあける。

2 クリームが絞りやすいように、竹串で中の余分な生地を除いて空洞を作る（s）。

3 3mmの丸口金をつけた絞り袋にクレーム・パティシエール・カフェを入れ、50gを絞り入れる（t）。

4 表面にかたさを調整したフォンダン・カフェをつけ（u）、そのまま立てて指で余分を落とす（v）。コーヒービーンズを飾る。

5 クレーム・パティシエール・ショコラも同様にシューに絞り入れ、表面にフォンダン・ショコラをつける（w、x）。

# Salambo

サランボ
藤巻正夫

§

フランスではあまりにもポピュラーな菓子。
楕円形に焼いたシューにクレーム・パティシエールを詰めて、
上面にカラメルかフォンダンをかける。
シューとパティシエールは王道の組み合わせだが、
中でもサランボは、パティシエールのおいしさが
最も引き立つ菓子といえるのではないだろうか。
私の作るパティシエールは、
保形性はありながらも、やわらかい口溶けが特徴。
砂糖で卵黄をしっかり細かく切る、という気持ちですり混ぜることにより、
最後に漉す必要のない滑らかな仕上がりになる。
こっくりとした甘味とコクを持つ、炊きたての新米のご飯のようなパティシエール。
そんな、誰もがおいしいと感じる
「菓子屋のクリーム」を作り続けたいと考えている。

## 材料 （約50個分）

[パータ・シュー]

| | |
|---|---|
| 牛乳 | 500g |
| ミネラルウォーター | 500g |
| 天然塩 | 15g |
| 発酵バター | 450g |
| 強力粉 | 275g |
| 中力粉 | 275g |
| 全卵 | 1000g |

※分量は作りやすい量

ドリュール ———— 適量

[クレーム・パティシエール]

| | |
|---|---|
| 牛乳 | 1000g |
| ヴァニラビーンズ | 5g |
| 卵黄 | 300g |
| 無精製糖 | 125g |
| グラニュー糖 | 125g |
| 中力粉 | 60g |
| 強力粉 | 20g |
| 生クリーム（34%） | 100g |
| 発酵バター | 100g |
| 濃縮ヴァニラ原液 | 3g |

[カラメル]

| | |
|---|---|
| グラニュー糖 | 500g |
| 水飴 | 100g |
| ミネラルウォーター | 75g |

ピスタチオ（刻んだもの） ———— 適量

## 作り方

[パータ・シュー]

1 作り方はP.22参照。12mmの丸口金をつけた
  絞り袋に入れ、シルパンを敷いた天板に6
  cm幅に絞る（a）。

2 ドリュールを塗り（b）、フォークで筋をつけ
  る（c）。

3 200℃のオーブンで35〜40分焼成する（d）。
  ※シューが膨らんできたら下火を切り、8割程度まで
    焼き上がったらダンパーを開き、さらに割れたところ
    に焼き色がつくまでしっかり焼く
  ※編み目状のシルパンを使うことで余分な水分が抜
    け、軽くしっかりと焼き上がる

a

b

c

d

[クレーム・パティシエール]

1 銅ボウルに牛乳と、さやを縦にさいたヴァニラビーンズを入れて火にかけ、沸かす（e）。

2 卵黄を溶きほぐし、無精製糖とグラニュー糖を一度に加えすり混ぜる（f）。
※砂糖で卵黄を細かく切っていくような感覚で混ぜる

3 卵黄と砂糖がすり混ざって白っぽくなったら、中力粉と強力粉を合わせてふるったものを一度に加え、さっと混ぜる（g）。
※粉が見えなくなればOK

4 1の牛乳の一部を3に加えてのばし、残りを加える（h）。

5 4を漉して銅ボウルに戻し、ヴァニラビーンスを除き、中火で炊く（i）。とろみがついてきたら、焦がさないように注意しながら、絶えず全体を混ぜて火を入れる。

6 粉に火が通り、表面にツヤが出てさらっと流れる状態になったら火を止める（j）。

7 生クリーム、発酵バター、濃縮ヴァニラ原液を加え（k）、よく混ぜる（l）。

8 プラックに広げ（m）、ラップをしてショックフリーザーで急速冷却する（n）。
※漉す必要はない

[カラメル]

1 銅鍋にグラニュー糖、水飴、水を合わせて火にかける（o）。

2 薄茶色に色づいたら火を止め、余熱で少し色を濃くしてから氷水につけ、色止めする（p）。

[組み立て]

1 シューの裏に菜箸で2カ所穴をあける。クレーム・パティシエールを5mmの丸口金をつけた絞り袋に入れ、穴から30gを絞り入れる（q）。

2 シューの表面にカラメルをつけ、ピスタチオをのせる（r）。

# Swan Choux

スワン・シュー

日高宣博

§

世田谷・成城の「マルメゾン」に勤務していたとき、
毎日作っていた思い出の菓子。
当時はプティフールサイズで、尾まであるところに可愛らしさを感じていた。
20年ぶりにガトーサイズで再現。
シューの中にクレーム・パティシエールとクレーム・シャンティイを
2層に絞っている。クリームは個々で味わってもよいし、
混ぜ合わせた味も楽しめるという趣向だ。
パティシエールは、炊き上げて鍋を火から下ろしたあとも、
鍋の粗熱がとれるまで底からしっかりと混ぜること。
余熱で火が通ることを防ぐためで、滑らかに仕上げるための重要なポイントだ。
また冷却するときに上下から氷を当てる方法は原始的ではあるが、
数分で冷えるため、ショックフリーザーに
空きがないときなどに効率的といえる。

## 材料 （約50個分）

[パータ・シュー]

| | |
|---|---|
| 牛乳 | 750g |
| 水 | 250g |
| 塩 | 10g |
| グラニュー糖 | 30g |
| 無塩バター | 300g |
| 薄力粉 | 450g |
| 強力粉 | 50g |
| 全卵 | 1000g |

| | |
|---|---|
| ドリュール | 適量 |

[クレーム・パティシエール]

| | |
|---|---|
| 牛乳 | 1000g |
| ヴァニラペースト | 適量 |
| グラニュー糖 | 150g |
| 卵黄 | 250g |
| トレハロース | 50g |
| 薄力粉 | 100g |
| 無塩バター | 100g |
| グランマルニエ | 75g |

[クレーム・シャンティイ]

| | |
|---|---|
| 生クリーム（42%） | 1000g |
| グラニュー糖 | 50g |
| トレハロース | 50g |
| ヴァニラエキス | 適量 |
| コアントロー | 15g |
| | |
| 粉糖 | 適量 |

## 作り方

［パータ・シュー］

1 鍋に牛乳と水、塩、グラニュー糖、バターを合わせて火にかける。

2 沸騰したら火を止め、薄力粉と薄力粉を合わせて一度に加え、手早く混ぜる（a）。

3 粉が見えなくなったら中火にかけ、鍋底に薄い膜が張るまでしっかり練る（b）。

4 ミキサーに移して低速で回し、溶きほぐした全卵を3、4回に分けて加える（c）。
　※生地をすくうと三角形を描き、ぽとんと落ちる状態になればOK（d）

5 天板の上にパータ・シューを絞る。スワンの胴体は15〜16mmの丸口金をつけた絞り袋で長径6cmのドロップ形に絞る（e）。

6 ドリュールを塗る（f）。

7 首と尾は3mmの丸口金をつけた絞り袋で絞る（g、h）。
　※ドリュールは塗らない

8 霧を吹き、胴体は上火165℃、下火180℃のオーブンで約60分焼成する（i）。
　※膨らんできたら上火190℃、下火150℃にし、表面が乾いたらダンパーを開く

9 首と尾は165℃のオーブンで、途中ダンパーは開けずに30分焼成する（j）。

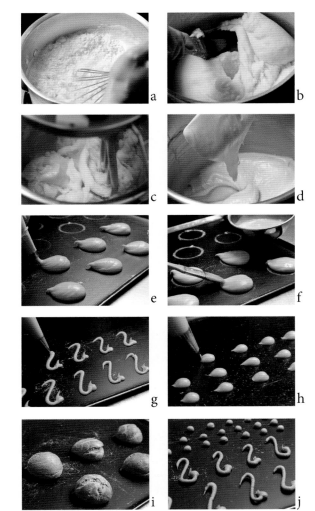

［クレーム・パティシエール］

1 銅ボウルに牛乳、ヴァニラペースト、グラ
ニュー糖の一部を合わせて沸かす（k）。

※少量の砂糖を入れることで、牛乳に含まれるタン
パク質が凝固し、膜が張るのを防げる

※沸くまでに1〜2回混ぜる

2 卵黄を溶きほぐし、残りのグラニュー糖とト
レハロースを加えすり混ぜる（l）。

3 空気を抱き込んで白っぽくなったら薄力粉を
加え混ぜる（m）。

4 1の牛乳180gを3に加えて馴染ませる（n）。

5 4を銅ボウルに戻し、中火〜強火で炊く（o）。
いったんとろみがつき、さらに火を入れると
コシが切れて表面に光沢が出る。この状態
になったら火からおろす。

6 バターを加え、余熱で溶かす（p）。

7 鍋の粗熱がとれるまで、しばらく混ぜる（q）。

8 バットに流してラップを密着させ、上下に氷
を入れたバットをあてて冷やす（r）。

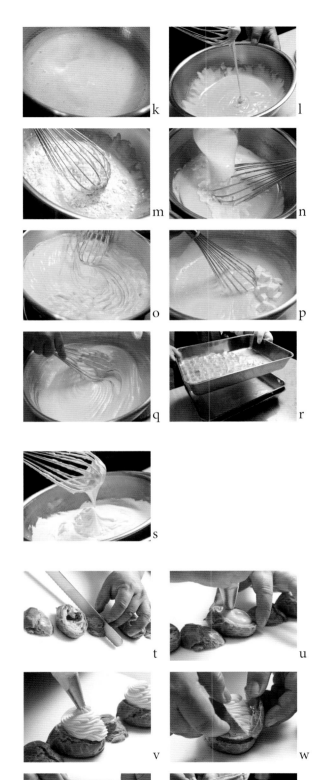

［クレーム・シャンティイ］

1 材料を合わせて九分立てにする（s）。

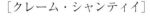

［組み立て］

1 シューが冷めたら、胴体を上から1/3のとこ
ろで斜めにカットし、カットした部分を縦半
分に切って羽を作る（t）。

2 クレーム・パティシエールを滑らかに戻し、
グランマルニエを加える。

3 2を12mmの丸口金をつけた絞り袋に入れ、
胴体に30g絞る（u）。

4 その上に星口金をつけた絞り袋でクレーム・
シャンティイを20g絞る（v）。

5 1で作った羽2枚を形よくのせる（w）。

6 首をクリームに差し込み、尾をのせる（x）。

7 粉糖をふる（y）。

# Gâteau Basque

ガトー・バスク

菅又亮輔

§

クレーム・パティシエールの凝縮した旨味を
しっかりと味わえる菓子とは何か、と考え、浮かんだのが、これ。
フランス・バスク地方の郷土菓子だ。
ソフトタイプのクッキー生地にクレーム・パティシエールを挟んで焼いたもので、
バスク地方を旅行で訪れた際、飽きるほど食べた思い出がある。
なんてことはないけど、うまい。そんな菓子だ。
店で作っているパティシエールには、旨味を引き出すためのポイントがいくつかある。
牛乳とヴァニラビーンズを合わせて沸かしたらしばらくおき、
ヴァニラの香りと甘味をしっかり牛乳に抽出することもそのひとつ。
また、炊き上がったら氷水にあてて混ぜながら冷ますことで、
クリームがやわらかく固まる。
コシはあるが生クリームなどとも馴染みやすく、
口溶けのよいパティシエールにしていることも重要だ。

## 材料 （直径 18cm×高さ 1.5cmのタルト型 6 台分）

| ［パート・ブリゼ］ | | ［クレーム・パティシエール・ア・フラン］ | | ［ガルニチュール・ミルティーユ］ | |
|---|---|---|---|---|---|
| 中力粉 | 1500g | 牛乳 | 1200g | ミルティーユ（冷凍・ホール） | 700g |
| 発酵バター | 1100g | 生クリーム（35%） | 600g | グラニュー糖 | 110g |
| 水 | 300g | ヴァニラビーンズ | 1 本 | 水 | 40g |
| 卵黄 | 60g | グラニュー糖 | 360g | コーンスターチ | 40g |
| 塩 | 25g | コーンスターチ | 140g | ※分量は作りやすい量 | |
| ※分量は作りやすい量 | | 全卵 | 300g | | |

ミルティーユ（冷凍・ホール）──── 240g

ブルーベリー──── 適量

## 作り方

### ［パート・ブリゼ］

**1** バターは1cm角に切り、水、卵黄、塩はボウルに合わせ、それぞれ使うまで冷蔵庫で冷やしておく。中力粉も冷蔵庫で冷やす。
※冷やすことによって作業中にベタつくことがなく、きれいにサブラージュ（粉とバターをすり合わせて砂状にする作業）ができる。グルテンの発生が抑えられ、サクッとした生地に仕上がる

**2** ミキサーボウルに中力粉を入れ、バターを少量ずつ加えながらビーターで攪拌する（a）。

**3** 速度は低速。バターが全部入ったら速度を少し上げて攪拌する。バターの粒がほとんどなくなり、全体にサラサラとして粉チーズのような状態になればよい（b）。

**4** 合わせた水、卵黄、塩を加えて低速で攪拌し、生地をまとめる（c、d）。

**5** ビニールシートを敷いたプラックの上に出し、麺棒で3cm厚の正方形にまとめ、シートに包んで冷蔵庫でひと晩休ませる（e、f）。

**6** 生地を打ち粉（分量外）をしながらパイシーターで2mm厚にのばし、直径21cmの円形に抜き、冷蔵庫で2時間休ませる。

**7** ピケし、型に敷き込む（g）。冷蔵庫で30分休ませて生地を締め、型の縁にはみ出た生地をペティナイフでカットし、型の底に入った余分な空気を竹串を刺して抜く（h、i）。

**8** ミルティーユを凍ったまま40gずつ入れる（j）。冷凍庫に入れる。

a

b

c

d

e

f

g

h

i

j

[クレーム・パティシエール・ア・フラン]

1 牛乳と生クリーム、裂いて種を取り出した
ヴァニラビーンズのさやと種を鍋に入れ、泡
立て器で混ぜながら中火で沸騰させる(k)。

2 ボウルにグラニュー糖とコーンスターチを入
れ、泡立て器でダマのないように混ぜる。

3 溶きほぐした全卵を加え、グラニュー糖の
ジャリジャリとした感触がなくなるまでしっ
かりすり混ぜる(l)。

4 1からヴァニラのさやを取り除き、1/3量を3
に注いで溶き混ぜ(m)、1に戻す(n)。

5 強火にかけ、泡立て器で絶えず混ぜる（o)。
沸騰し、泡立て器を持つ手が重くなってと
ろみがつく。さらに混ぜてコシが切れ、ツヤ
が出たらゴムベラに持ち替え(p)、底から混
ぜてしっかり火を通す。

[焼成]

1 冷凍しておいたパート・ブリゼに炊き上がっ
たばかりのクレーム・パティシエール・ア・
フランを450gずつレードルで入れる(q)。

2 L字パレットで表面を平らにならし、余分な
クリームをすり切る(r)。

3 型ごと作業台に軽く打ちつけて表面を平ら
にし、型の縁についたクリームを指でぬぐう
(s)。

4 シルパンを敷いた天板に並べ、180℃のコン
ベクションオーブンで20 〜 25分焼成する(t)。

[ガルニチュール・ミルティーユ]

1 鍋にミルティーユ、グラニュー糖、よく混ぜ
合わせた水とコーンスターチを入れ、ゴムベ
ラで混ぜながら中火にかける(u)。

2 沸騰し、とろみがついたら火からおろし(v)、
ボウルの底を氷水にあてて冷やす。

[仕上げ]

1 フランが冷めたら型の底をバーナーで温め、
上に板をあてて上下を返して型をはずす。

2 ガルニチュール・ミルティーユを大さじ1ず
つのせて広げ(w)、ブルーベリーを飾る(x)。

# Partie

# 3

# Crème au Beurre
クレーム・オ・ブール

*p064-067* 興野　燈 ——— Délice Macadamia デリス・マカダミア

*p068-073* 藤巻正夫 ——— Café カフェ

*p074-079* 日髙宣博 ——— Sicily シシリー

*p080-083* 菅又亮輔 ——— Dacquoise ダックワーズ

*p084-087* 中山洋平 ——— Collation de Figues コラシオン・ド・フィグ

クレーム・オ・ブールはフランス菓子では代表的なクリームのひとつ。

生地の間に挟むほか、デコレーションにも使われる。

日本でも、クレーム・シャンティイで覆われたホールケーキが一般的になる前は、

このクレーム・オ・ブールのものが主流だった。

バターの風味とコクがしっかりと味わえ、

口溶けの滑らかさが身上のクリームだ。

ポマード状のバターに、ムラング・イタリエンヌ、

パータ・ボンブ、クレーム・アングレーズなどのベースを加えて作る。

ムラング・イタリエンヌベースは軽い食感、パータ・ボンブはコクと甘味が強く、

水分の多いクレーム・アングレーズベースは口溶けがよいなど、

ベースによってクリームの味わいは異なる。

その特性をよく知って、菓子に応用したい。

# Delice Macadamia

デリス・マカダミア

興野 燈

§

100年以上前の古典菓子に登場するクレーム・オ・ブールの、
あまりの完成度の高さに感動したことから生まれた菓子。
ベースはクレーム・アングレーズだが、牛乳ではなく、水を使用している。
水で炊いたもののほうが、バターそのものの風味が生き、
よりバターらしさが感じられるクリームとなる。
好きな素材であるマカダミアナッツと合わせてオリジナルガトーを作った。
バターは、ベルギー・コールマン社の発酵バターを使用。
前発酵によるやさしいなかにも力強い香りが最大の特徴だ。
作り方のポイントは、乳化がすべて。
アングレーズを炊いたらミキサーで泡立てて
28℃程度に冷まし、常温のバターを混ぜる。
バターは、やわらかすぎてもかたすぎても、
滑らかに混ざらないので注意すること。

## 材料 (70人分)

[ビスキュイ・ダックワーズ・
マカダミア]
(60 × 40cmのシート3枚分)

| | |
|---|---|
| マカダミアナッツパウダー | 900g |
| 粉糖 | 810g |
| 卵白 | 1080g |
| グラニュー糖 | 300g |
| 乾燥卵白 | 18g |

[クレーム・オ・ブール・ヴァニーユ]

| | |
|---|---|
| シロ・ヴァニーユ | 1032g |
| 　グラニュー糖 | 1000g |
| 　水 | 1000g |
| 　ヴァニラビーンズ | |
| 　(使い終わって乾燥させたもの) | 50g |
| 　※分量は作りやすい量 | |
| 卵黄 (20%加糖凍結) | 938g |
| 発酵バター (コールマン社) | 1125g |

マカダミアナッツ
(120℃のオーブンで約40分ローストしたもの)

| | |
|---|---|
| | 500g |

マカダミアナッツ
(刻んでローストしたもの) ……… 適量

マカダミアナッツ
(チョコレートコーティングしたもの)適量

## 作り方

[ビスキュイ・ダックワーズ・
マカダミア]

1 マカダミアナッツパウダーと粉糖をミキサー
で合わせておく。
※卵白と馴染みやすくするため

2 卵白にグラニュー糖と乾燥卵白を合わせた
ものを加え、ミキサーで泡立てる。最初は中
速、砂糖が馴染んで立ち始めたら高速にし
(a)、しっかり泡立ててメレンゲを作る。

3 ボウルに移し、1を一度に加え (b)、カード
でさっくりと混ぜ合わせる(c)。
※泡をつぶさないように手早く行う

4 天板にシルパットを敷き、60 × 40 × 1cmの
カードルをおく。ここへ3を入れ、手早く全
体に広げる(d)。

5 カードルと生地の間にナイフで切り目を入
れ、カードルをはずす(e)。

6 170℃のオーブンで約20分焼成する(f)。

a
b

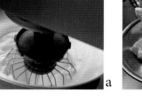c
d

e
f

[クレーム・オ・ブール・ヴァニーユ]

1 シロ・ヴァニーユを作る。グラニュー糖と水、
ヴァニラビーンズを合わせて火にかける。沸
騰したら火を止め、充分に香りが抽出され
るまでおく(g)。

2 卵黄を白っぽくなるまで混ぜる(h)。
※煮詰める際に熱が卵黄に直接入ることを防ぐた
め、クッションとして空気を含ませる

g
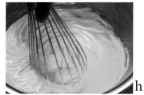h

**3** 1のシロ・ヴァニーユを2に漉しながら注ぐ（i）。

**4** 鍋に移し、中火で絶えず鍋底から混ぜながら、84℃まで煮詰めてとろみをつける（j）。

**5** ミキサーボウルに移し、高速で回す（k）。

**6** 白っぽくもったりし、バターが溶けない28℃程度まで温度が下がったら、室温で戻した発酵バターを加える（l）。

※バターの温度が低すぎても滑らかに乳化しないので注意

**7** さらにミキサーで回し、乳化してマヨネーズのような状態になれば完成（m）。

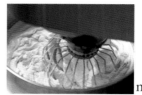

[組み立て]

**1** プラックに紙を敷き、56 × 36 × 4.5cmのカードルをおき、ビスキュイ・ダックワーズ・マカダミアの焼き目を上にして入れる。

**2** クレーム・オ・ブール・ヴァニーユ 1100g を入れ、平らにならす（n）。

**3** マカダミアナッツ（120℃のオーブンで約40分ローストしたもの）250g を散らし（o）、パレットナイフで押さえて平らにする（p）。

**4** 2枚目のビスキュイを焼き目を下にして入れ（q）、1段目と同様にクレーム・オ・ブール・ヴァニーユとマカダミアナッツを入れて平らにならす（r）。

**5** 3枚目のビスキュイを焼き目を上にしてのせ（s）、クレーム・オ・ブール・ヴァニーユ 600g をのせて平らに広げる（t）。ショックフリーザーで急速冷却する。

**6** 中までしっかり凍ったらカードルを外し、10 × 2.5cmにカットする（u）。

※マカダミアナッツを垂直にカットするため、板をあてて行う

**7** マカダミアナッツ（刻んでローストしたもの）を側面と上面につける（v）。

**8** マカダミアナッツ（チョコレートコーティングしたもの）を上に飾る（w）。

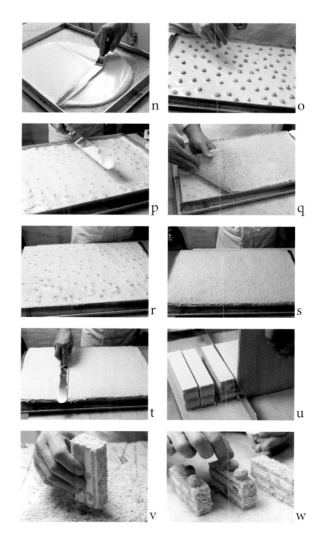

# Café

カフェ

藤巻正夫

§

コーヒー風味のジェノワーズとクレーム・オ・ブール、
ガナッシュを重ねた、シンプルな菓子である。
クレーム・オ・ブールの種類は菓子によって使い分けているが、
この菓子にはパータ・ボンブベースのものを使用。
全粒粉とアーモンドプードルを混ぜて焼き上げたジェノワーズの、
ざらっとした食感には、濃厚な味わいのクレーム・オ・ブールがよく合う。
コーヒーとも相性がよい。
コーヒーと酒を多めに加え、通常より水分を含ませている。
そのため、濃厚ではあるが、みずみずしく軽い味わいとなっている。
卵黄で作るクレーム・オ・ブールはコクが大切。
シロップを118℃まで煮詰め、卵黄に注いでしっかりと火を入れておくことが重要となる。
また、バターと合わせる前によく冷まし、
バターが溶けないように留意するなど温度管理も大切だ。

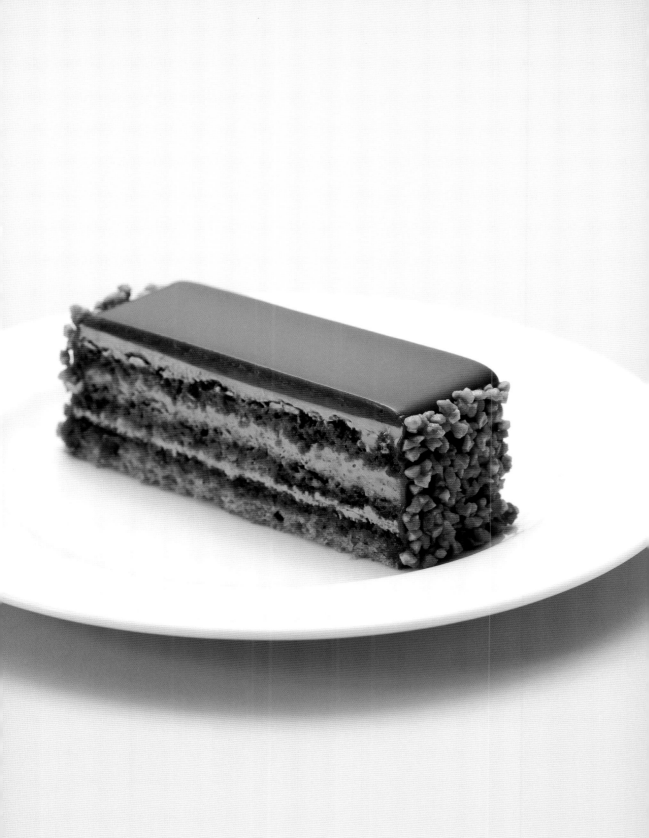

## 材料 （36個分）

[ジェノワーズ・カフェ]
（58 × 38 × 4.5cm の角型 1 台分）
全卵 ———————————— 500g
無精製糖 ————————— 250g
強力粉 ———————————— 200g
全粒粉（粗挽きしたもの）——— 50g
アーモンドプードル ———— 125g
発酵バター ————————— 125g
インスタントコーヒー
（オーガニック・顆粒）——— 10g
ラム —————————————— 10g

[クラクレン・ダマンド]
アーモンド（刻んだもの）—— 400g
発酵バター —————————— 20g
シロップ（30°B）—————— 100g
天然ヴァニラ原液 —————— 2g
ミルクチョコレート
（オーガニック・32%）——— 100g

[シロ・カフェ]
シロップ（30°B）—————— 110g
コーヒー・エキストラ ——— 12g
ラム —————————————— 70g
レギュラーコーヒー（液体）— 165g
インスタントコーヒー（顆粒）— 18g

[ガナッシュ・モンテ・カフェ]
生クリーム（34%）—— 90g＋250g
インスタントコーヒー
（オーガニック・顆粒）——— 5g
ハチミツ —————————— 20g
ミルクチョコレート
（オーガニック・32%）——— 150g

[グラサージュ・オ・レ]
生クリーム（34%）————— 500g
水飴 —————————————— 70g
無精製糖 —————————— 55g
ココアパウダー（オーガニック）— 30g
ハチミツ —————————— 70g
板ゼラチン ————————— 15g
ミルクチョコレート（32%）— 200g
プラリネ・アマンド ———— 60g

[クレーム・オ・ブール・カフェ]
粗糖 ———————————— 133.7g
ミネラルウォーター ——— 44.5g
卵黄 ————————————— 53.4g
発酵バター ———————— 267.4g
インスタントコーヒー
（オーガニック・顆粒）—— 10g
コーヒー・エキストラ ——— 8g
ラム —————————————— 70g
天然ヴァニラ原液 ———— 0.8g

## 作り方

[ジェノワーズ・カフェ]

**1** ミキサーボウルに全卵と無精製糖を合わせ、
火にかけて混ぜながら 40℃程度に温める
（a）。

**2** ミキサーにかけ、高速で回す（b）。

**3** もったりとした状態になったら（c）、ふるった
強力粉、全粒粉に、アーモンドプードルを
合わせたものを加え、よく混ぜる（d）。

**4** 40℃に溶かした発酵バター、インスタント
コーヒー、ラムを合わせて 3 に加え、混ぜる
（e）。

**5** 紙を敷いた型に流し（f）、表面を平らになら
す（g）。

**6** 180℃のオーブンで 50 分焼成する（h）。

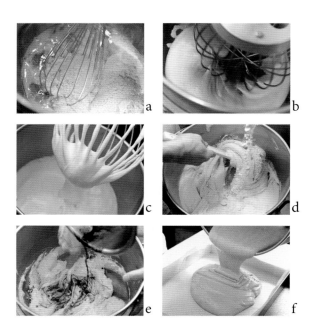
a
b
c
d
e
f

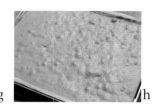
g

h

## ［クラクレン・ダマンド］

1 ボウルにアーモンドを入れ、溶かした発酵
  バターとシロップ、天然ヴァニラ原液を加え、
  全体にからめる(i)。

2 シルパットを敷いた天板に1を広げ、170℃
  のオーブンでこんがりと焼く。
  ※途中でオーブンから出して全体を混ぜ、まんべんな
   く焼き色をつける

3 熱いうちに溶かしたミルクチョコレートをか
  らめ、混ぜながら冷ます(j)。

i

j

## ［シロ・カフェ］

1 シロップとコーヒー・エキストラ、ラムを合
  わせる。

2 レギュラーコーヒーにインスタントコーヒー
  を溶かし、1と合わせてよく混ぜる(k)。

k

## ［ガナッシュ・モンテ・カフェ］

1 鍋に生クリーム 90g とインスタントコーヒー
  とハチミツを合わせて沸かす(l)。

2 チョコレートを入れたボウルに1の一部を注
  ぎ、混ぜる(m、n)。

3 生クリーム 250g を注ぎ、よく混ぜる(o、p)。
  ラップをして一晩冷蔵庫で休ませる。

4 使用する前にクリーム状に泡立てる(q)。

l

m

n

o

p

q

［グラサージュ・オ・レ］

1 生クリーム、水飴、無精製糖、ココアパウダー、ハチミツを鍋に合わせて火にかける（r）。

2 沸騰したら火を止め、水で戻した板ゼラチンを加える。溶かしたミルクチョコレートとプラリネ・アマンドと合わせる。

r

［クレーム・オ・ブール・カフェ］

1 銅鍋に粗糖と水を合わせ火にかける。途中で鍋の内側についたシロップの飛沫を刷毛で落としながら（s）、118℃まで熱する（t）。

2 卵黄を溶きほぐし、1を少しずつ加えながら混ぜる（u）。

3 2をミキサーに移し、高速で泡立てる（v）。
　※粗熱がとれ、白っぽくもったりとした状態になればOK

4 3を常温で戻してポマード状にした発酵バターに加え、混ぜる（w、x）。

5 インスタントコーヒー、コーヒー・エキストラ、ラム、天然ヴァニラ原液を混ぜ合わせる（y）。

6 5を4のクレーム・オ・ブールに数回に分けて加え、そのつどしっかり混ぜて馴染ませる（z、a'）。

s
t
u
v
w
x
y
z
a'

［組み立て］

1 ジェノワーズ・カフェの焼き目を落とし、1cm の厚さに 3 枚スライスする。

2 ジェノワーズの底面を上にし、シロ・カフェ 125g をアンビベする（b'）。
　※どこを食べてもシロップの味が感じられるよう、全体に均等に打つ

3 クレーム・オ・ブール・カフェ 256g をのせ（c'）、全体に薄く塗り広げる（d'）。

4 2 枚目のジェノワーズをのせ、シロ・カフェ 125g を同様にアンビベし、ガナッシュ・モンテ・カフェを 1cm 厚に塗る（e'）。

5 3 枚目のジェノワーズをのせ、残りのシロ・カフェをアンビベする（f'）。

6 クレーム・オ・ブール・カフェを塗り広げ（g'）、冷蔵庫で冷やす。
　※表面をきれいに平らにしておくこと。凹凸があると、グラサージュがきれいにかからない

7 6 のクリームが固まったら冷蔵庫から出し、9.5cm 幅に切る。

8 アクリル板の上にグリルを重ね、7 をおく。グラサージュ・オ・レをかけ（h'）、パレットを一往復させて表面を平らにならす。

9 冷蔵庫で冷やし、グラサージュ・オ・レが固まったら、定規をあてて 3cm 幅に印をつけ（i'）、カットする（j'）。

10 側面にクラクレン・ダマンドをつける（k'）。

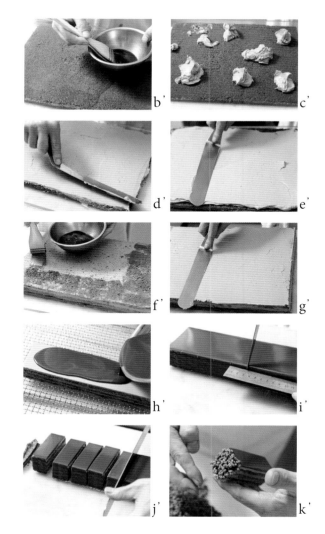

# Sicily

シシリー

日髙宣博

§

菓子名の由来は、ピスタチオの産地シチリア島から。
ピスタチオに、味と色味の両方で相性のよいフランボワーズを組み合わせ、
それぞれの風味のクレーム・オ・ブールを重ねた。
クレーム・オ・ブールは、クレーム・アングレーズベースに
ムラング・イタリエンヌを加えたものを使用している。
軽さとフレッシュ感に加えてコクがあり、果実との相性もよい。
みずみずしい味わいが表現でき、
最もバタークリームらしいクリームだと私は思っている。
クレーム・アングレーズは、卵黄と砂糖が多い配合になっている。
最初にしっかりブランシールをして空気を含ませ、軽さを出しておく。
またバターを加える際は、
アングレーズを30℃程度まで冷ましてからにすること。
バターが溶けない温度にしておかないと、
熱で溶けたバターは、再び冷やし固めても
元の滑らかな状態には戻らない。
口溶けの悪いクリームになるからだ。

## 材料 （約70個）

[ダックワーズ・ピスターシュ]
（60×40cmの天板4枚分）
| | |
|---|---|
| 卵白 | 1350g |
| グラニュー糖 | 670g |
| 乾燥卵白 | 13g |
| ピスタチオプードル | 270g |
| アーモンドプードル | 540g |
| 薄力粉 | 180g |
| 粉糖 | 270g |

[クレーム・オ・ブール・フランボワーズ]
ムラング・イタリエンヌ
| | |
|---|---|
| フランボワーズ・ピューレ | 140g |
| グラニュー糖 | 170g |
| トレハロース | 84g |
| 卵白 | 126g |
| 卵黄 | 200g |
| グラニュー糖 | 252g |
| フランボワーズ・ピューレ | 336g |
| 無塩バター | 1260g |
| フランボワーズのコンフィチュール | 560g |

[クレーム・オ・ブール・ピスターシュ]
| | |
|---|---|
| 牛乳 | 396g |
| ヴァニラビーンズ | 3本 |
| 卵黄 | 236g |
| グラニュー糖 | 296g |
| パート・ドゥ・ピスターシュ | 528g |
| 無塩バター | 1484g |
| ムラング・イタリエンヌ | |
| グラニュー糖 | 200g |
| トレハロース | 100g |
| 水 | 適量 |
| 卵白 | 146g |

※作り方はP.276のムース・キャラメル内参照

[ヌガティーヌ・カカオ]
（60×40cmのシート1枚分）
| | |
|---|---|
| 無塩バター | 50g |
| トレハロース | 20g |
| 水飴 | 60g |
| 生クリーム（42%） | 35g |
| グラニュー糖 | 80g |
| ペクチン | 2g |
| カカオニブ | 70g |
| アーモンド（刻んだもの） | 30g |

| | |
|---|---|
| フランボワーズのコンフィチュール | 適量 |
| ナパージュ・ヌートル | 適量 |
| クラクレン・ダマンド | 適量 |
| ピスタチオ | 適量 |
| フランボワーズ | 適量 |

## 作り方

[ダックワーズ・ピスターシュ]

1 卵白を中速で泡立て、合わせたグラニュー糖と乾燥卵白を数回に分けて加え、さらに泡立ててメレンゲを作る（a）。

2 合わせてふるったピスタチオプードルとアーモンドプードル、薄力粉を加え混ぜ（b）、下から上へとすくい上げるようにさっくりと均一に混ぜる（c）。

3 紙を敷いた天板1枚につき720gを流して広げ（d）、平らにならす。

4 粉糖を全体にふる（e）。

5 180℃のオーブンで約13分焼成する（f）。

a

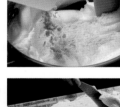b

c

d

e

f

[クレーム・オ・ブール・フランボワーズ]

1 ムラング・イタリエンヌを作る。フランボワーズ・ピューレ、グラニュー糖、トレハロースを鍋に合わせて火にかけ、115℃まで熱する（g）。
※糖度が高く焦げつきやすいので、混ぜながら煮詰める

2 卵白を泡立て、1を少しずつ注いで泡立てる（h）。
※少量なので、最初は手で立てたほうがシロップが固まる心配がなく失敗しにくい

3 ミキサーにかけて高速で泡立てる（i）。ピンと角の立ったしっかりとしたメレンゲになったらボウルに移し、使うまでおいておく（j）。

4 卵黄とグラニュー糖をもったりするまですり混ぜる（k）。

5 4に、沸騰直前まで熱したフランボワーズ・ピューレの2/3量を2回に分けて注ぎ（l）、混ぜる（m）。

6 ピューレの鍋に5を戻し（n）、絶えず耐熱ベラで底から混ぜながら、中火で82℃まで熱する（o）。

7 目の粗いシノワで漉す（p）。
※目が細かいと、ピューレの繊維質がつまるため

8 ミキサーの中速でもったりするまで泡立て、低速に落として30℃程度まで冷ます。

9 常温で戻してポマード状にしたバターにフランボワーズのコンフィチュールを加え（q）、混ぜる（r）。

10 ここへ8を3回に分けて加え混ぜ（s、t）、3を3回ぐらいに分けて加え（u）、さっくり混ぜ合わせる（v）。

［クレーム・オ・ブール・ピスターシュ］

1 鍋に牛乳と、さやを縦に裂いて種子をこそげ取ったヴァニラビーンズを合わせ、沸かす。

2 卵黄とグラニュー糖を白っぽくなるまですり混ぜ、1の一部を注ぎ（w）、馴染ませる。

3 2を1の鍋に戻して再び火にかけ、鍋底から絶えず混ぜながら85℃まで熱する（x）。

4 ミキサーボウルに漉し入れ（y）、白っぽくもったりするまで高速で泡立て（z）、中速に落として回しながら28℃程度まで冷ます。

5 バターを常温で戻し、ポマード状にする。

6 常温に戻したパート・ドゥ・ピスターシュにバターの一部を加え（a'）混ぜ合わせる。

7 これをバターのボウルに戻し（b'）、滑らかになるまで混ぜ合わせる（c'）。

8 4の1/3量を7に加え（d'）、混ぜる。

9 残りを2回に分けて加え、混ぜる（e'）。

10 ムラング・イタリエンヌを2回に分けて加え（f'）、混ぜる（g'、h'）。

［ヌガティーヌ・カカオ］

1 鍋にバター、トレハロース、水飴、生クリームを合わせて温め、火からおろし、グラニュー糖とペクチンを加えてよく混ぜる。

2 カカオニブとアーモンドを合わせたところへ1を注ぎ（i'）、混ぜる（j'）。

3 シルパットを敷いた天板に流し、L字パレットで平らに広げる（k'）。
　※焼き上がると広がるので、シルパットよりひと回り小さめに広げる

4 160℃のオーブンで20分焼成する（l'）。

［クレーム・オ・ブール・プラリネ］

1 ムラング・イタリエンヌを作る。卵白をミキサーで回し、立ってきたらグラニュー糖110gを加え、泡立てる。

2 水とグラニュー糖1110gを合わせて117℃まで煮詰める。1に少しずつ加え（i）、さらに泡立ててツヤのあるメレンゲを作る。

3 卵黄にグラニュー糖の半量を加えてすり混ぜる（j）。

4 牛乳と残りのグラニュー糖を合わせて火にかける。沸いたら3に少量を注いで溶き、馴染んだら残りを一気に加え混ぜる（k）。

5 中火で火を入れる。ボウルの底から全体を絶えず混ぜながら82℃まで熱し、とろみをつけてクレーム・アングレーズを作る（l）。

6 ミキサーボウルに漉し入れ（m）、ホイッパーで混ぜながらクリームの温度を下げる。
※ 速度は中速

7 30℃ぐらいになったら、常温で戻した発酵バターを少しずつ加え（n）、低速で回す。

8 途中で分離するが、混ぜているうちにつながってくる。そうしたら中速で立てる（o）。

9 2のメレンゲの一部を加え（p）、馴染んだら残りを数回に分けて加える（q）。

10 ミキサーから外し、カードで全体を均一に混ぜてきめを整え、完成（r）。

11 使用する200gを別のミキサーに入れる。プラリネ・アマンド、プラリネ・ノワゼット、パート・ドゥ・ノワゼットを合わせて加える（s）。全体が均一になるまで混ぜる（t）。

［組み立て］

1 焼き上がったビスキュイ・ダックワーズの半量を、焼き目を下にして並べる。

2 クレーム・オ・ブール・プラリネを16.5mmの丸口金をつけた絞り袋に入れ、1の上に1個につき10gを絞る（u、v）。

3 2枚1組ではさむ（w、x）。

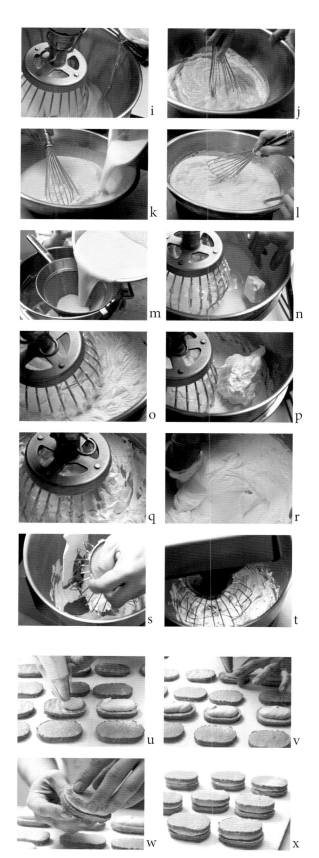

# Collation de Figues

コラシオン・ド・フィグ

中山洋平

§

ラング・ド・シャの軽快な口あたりと食感で好きで、
レーズンサンドをラング・ド・シャで作ってみたいと思いついた菓子。
気軽に、小腹がすいたときにちょっとつまめるもの、というイメージで
フランス語で「おやつ」を意味するコラシオンという名を付けた。
クレーム・オ・ブールは、日持ちがし、軽く仕上がることから
ムラング・イタリエンヌベースに。
グリオットチェリーのピューレを煮詰めたシロップを加えて泡立てている。
レーズンの代わりに、自家製のイチジクの赤ワイン煮を入れるため、
その濃厚な味わいに合うよう、ムラングにもひねりをきかせた。
ムラングにバターを加えたら、高速でしっかり攪拌すること。
ラング・ド・シャに合わせたテクスチャーに仕上げたいので、
バターに十分空気を含ませ、軽やかさを生み出すことが重要だ。

## 材料 <small>（直径 4cm約 45 個分）</small>

[ラング・ド・シャ]

| | |
|---|---|
| 無塩バター | 100g |
| 粉糖 | 100g |
| 塩 | 1g |
| 卵白 | 100g |
| 薄力粉 | 120g |
| コーンスターチ | 15g |

[イチジクの赤ワイン煮]

| | |
|---|---|
| 赤ワイン | 125g |
| 白ワイン | 125g |
| ドライ・イチジク | 333g |
| スターアニス | 1個 |
| シナモンスティック | 1本 |

※分量は作りやすい量

[クレーム・オ・ブール・グリオット・フィグ]

| | |
|---|---|
| グリオットチェリー・ピューレ | 100g |
| グラニュー糖 | 330g |
| 卵白 | 200g |
| 無塩バター | 660g |
| イチジクの赤ワイン煮 | 100g |

※分量は作りやすい量

## 作り方

### [ラング・ド・シャ]

1 常温でポマード状にしたバターと粉糖、塩をボウルに合わせて泡立て器で混ぜる（a）。

2 混ざったら溶きほぐした卵白を少しずつ加え、加えるたびによく混ぜる（b）。

3 滑らかになったら、合わせてふるった薄力粉とコーンスターチを加え混ぜる（c、d）。ボウルの内側についた生地をきれいに払い、ラップをし、冷蔵庫で一晩休ませる。

4 3を13.5mmの丸口金をつけた絞り袋に入れ、シルパットを敷いた天板の上に直径3cmのドーム状に絞る（e）。

5 140℃のコンベクションオーブンに入れ、約15分焼成し、冷ます（f）。

### [イチジクのワイン煮]

1 ドライ・イチジクは4等分にカットする。鍋に2種類のワインを合わせて中火にかけ、沸騰したらイチジク、スターアニス、シナモンスティックを加える（g）。

※白ワインを加えると味にキレが出る

2 再沸騰したら火を止めてボウルに移し、ラップを密着させ、常温に一晩おく（h）。

※イチジクが水分を吸って膨らむ

3 2をロボクープにかけ、ペースト状になるまで攪拌する（i、j）。

［クレーム・オ・ブール・グリオット・フィグ］

1 ミキサーボウルに卵白を入れ、ホイッパーを
　装着して中速で泡立てる。

2 グリオットチェリー・ピューレとグラニュー
　糖を合わせて中火にかける。鍋の内側に飛
　んだ飛沫を刷毛で落とす(k)。

3 110℃まで煮詰める(l)。
　※ピューレでシロップを作る場合は、糖分が入って
　いるので焦げやすい。煮詰めるときは通常のシロッ
　プより低い110℃で

4 1にボリュームが出たら低速に切り替え、3
　をボウルの縁から少しずつ注ぐ(m)。

5 シロップが入ったら高速にし、角がピンと立
　つまで泡立てる。中速に落とし、40℃に温
　度が下がるまで混ぜる(n)。

6 スライスして常温で柔らかくしたバターを1
　枚ずつ加える(o)。
　※かたいときれいに混ざらずダマの原因に

7 バターが入ったら高速で撹拌する(p)。分離
　したような状態になるが、回しているうちに
　つながる。途中でボウルの内側を払う。
　※軽い口あたりに仕上げるため、ここでしっかり空
　気を含ませる

8 ホイッパーの筋がしっかりつくようになった
　らクレーム・オ・ブールの完成(q)。

9 8の一部をイチジクの赤ワイン煮に加え混ぜ
　る(r)。これを8に戻し、混ぜ合わせて均一
　な状態にする(s、t)。

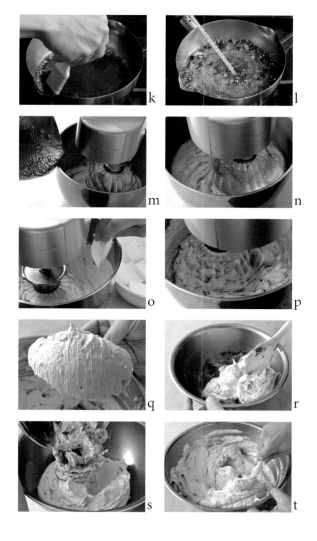

［組み立て］

1 ラング・ド・シャの半量を焼き目を下にして
　並べ、焼き目を上にしたものと2枚1組にな
　るように並べる(u)。

2 13.5mmの丸口金をつけた絞り袋で、クレーム・
　オ・ブール・グリオット・フィグを1の焼き
　目を下にしたほうに6gずつ絞る(v)。

3 組みになるラング・ド・シャを焼き目が上に
　なるように接着し、クリームが縁ギリギリに
　くるまで押さえる(w、x)。

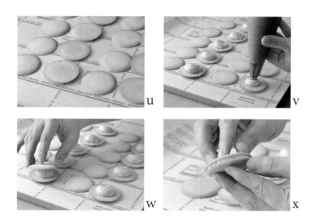

# Partie
# 4

# Crème Diplomate
## クレーム・ディプロマット

*p090-093* 興野　燈 —— Montorgueil　モントルグイユ

*p094-097* 藤巻正夫 —— Mont-Blanc de Ferme　モンブラン・ドゥ・フェルム

*p098-102* 日髙宣博 —— Paris-Brest aux Fraises　イチゴのパリ・ブレスト

*p104-107* 菅又亮輔 —— Papeete　パペーテ

*p108-113* 中山洋平 —— Praliné Orange　プラリネ・オランジュ

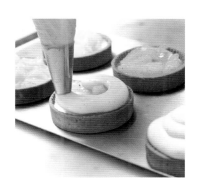

クレーム・パティシエールにクレーム・シャンティイ、
またはクレーム・フエテを合わせたクリーム。
ディプロマットとはフランス語で「外交官」を意味し、
外交官付きの料理人が作ったプディングが起源といわれている。
パティシエールに対して 1/2 量から同量の生クリームを加えて
軽さを出す場合と、生クリームにパティシエールを加えて、
卵のコクと粘性をプラスする場合と 2 通りのタイプがある。
日本でシュークリームに使われているディプロマットは、
前者であることが多い。
どちらの場合も、保形性を保つため、
生クリームをしっかりと泡立ててからパティシエールと合わせる。
混ぜすぎるとコシがなくなり、流れてしまうので注意すること。

# Montorgueil

モントルグイユ

興野 燈

§

菓子名は、パリで働いた老舗菓子店「ストーレー」のある通りの名からとった。

ここのスペシャリテのひとつがピュイ・ダムール。

これをもとに、多少アレンジを加えた菓子だ。

ピュイ・ダムールの構成要素は店によってさまざまで、

クレーム・パティシエールやクレーム・シブーストに加えて、

フランボワーズなどのジュレを入れ、酸味でアクセントをつけている場合もある。

ここでは、パティシエールとクレーム・ディプロマットでシンプルに構成し、

よりストレートにクリームが味わえるようにした。

ディプロマットには、生クリームではなく、

クレーム・ドゥーブルを使用。

さらにムラング・イタリエンヌを合わせて軽さを出した。

乳酸菌のさわやかな酸味が加わることでキレが出て、

発酵の香りによってミルキー感が際立ち、

印象的なディプロマットになる。

## 材料 （直径 6.5cm×高さ 3cmのセルクル 10 個分）

[フイユタージュ・アンヴェルセ]
無塩バター ———————— 500g
強力粉 ———————————— 200g
デトランプ
　無塩バター ——————— 150g
　塩 （ゲランド） —————— 14g
　強力粉 ———————————— 250g
　薄力粉 ———————————— 217g
　白ワインヴィネガー ———— 3.5g
　冷水 ———————————— 200g
　※分量は作りやすい量

打ち粉 ————————————— 適量
ドリュール ——————————— 適量

[クレーム・ディプロマット]
ムラング・イタリエンヌ ——— 50g
　水 ————————————— 60g
　グラニュー糖 ——————— 200g
　卵白 ———————————— 100g
　※分量は作りやすい量
クレーム・パティシエール —— 150g
→ P.44 参照
クレーム・ドゥーブル（40%）- 50g

クレーム・パティシエール ——— 300g
→ P.44 参照
カソナード —————————— 適量
粉糖 ————————————— 適量

## 作り方

### [フイユタージュ・アンヴェルセ]

1 作り方は P.168 参照。2 番生地を 1mm厚にのばし、直径 12.5cmの円形に抜き、打ち粉をした作業台でセルクルに敷き込む（a）。

2 紙をおいて小豆で重石をし（b、c）、170℃のオーブンで 30 分焼き、重石を除いてさらに 20 分空焼きする。

3 焼き上がる直前に、生地の底と側面にドリュールを塗り（d）、オーブンに戻して乾かす（e）。

 a
 b
 c
 d
 e

［クレーム・ディプロマット］

1 ムラング・イタリエンヌを作る。鍋に水と、卵白用に少量を取り分けたグラニュー糖の残りを合わせ、煮詰める。

2 卵白と1で取り分けたグラニュー糖を合わせてミキサーで泡立てる。

3 1のシロップが117℃になったら、2に少しずつ加える。シロップが全部入ったら高速にし（f）、角がピンと立つまで泡立てる。

4 クレーム・パティシエールとクレーム・ドゥーブルを合わせ、滑らかになるまで混ぜる（g）。

5 3のムラング・イタリエンヌを加え（h）、混ぜ合わせる（i、j）。

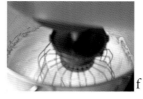

［組み立て］

1 焼き上がって冷ましたフイユタージュ・アンヴェルセの、セルクルからはみ出た部分を波刃包丁でカットする（k）。

2 クレーム・パティシエールを丸口金をつけた絞り袋に入れ、30gを1に絞り入れる（l、m）。

3 クレーム・ディプロマットを12mmの丸口金をつけた絞り袋に入れ、2の上に25g絞る（n）。

4 上面にカソナードをふり（o）、焼きごてでカラメリゼをする（p）。2回目もカソナードで行い、3回目は粉糖をふり、カラメリゼする（q）。

# Mont-Blanc de Ferme

モンブラン・ドゥ・フェルム
〜農家のモンブラン〜
藤巻正夫

§

パリで見る洗練されたものではなく、フランスの田舎でしか
食べられないようなモンブラン、という意味でこの名をつけた。
クレーム・フランジパーヌを詰めて焼いたシュクレ生地の土台に、
和栗の渋皮煮をのせ、クレーム・ディプロマット、モンブランクリームを絞っている。
モンブランクリームのベースは和栗。
水分が多くどっしりと重量感があるため、
支えるクリームがクレーム・フエテでは軽すぎて心もとない。
そこでパティシエールと合わせるディプロマットにし、
さらにパティシエールにゼラチンを加えて保形性を持たせた。
ディプロマットの配合はさまざまだと思う。
この菓子の場合は生クリームが主体なので、パティシエールの割合を少なくしている。
生クリームは、パティシエールと合わせるとゆるくなることを考慮し、
しっかりと十分立てにしておくこと。

## 材料 （直径7cmのタルトレット型 20 個分）

[パート・シュクレ]

| | |
|---|---|
| 発酵バター | 600g |
| 粉糖 | 375g |
| 全卵 | 200g |
| 中力粉 | 1000g |
| アーモンドプードル | 125g |

※分量は作りやすい量

| | |
|---|---|
| 打ち粉 | 適量 |

[クレーム・モンブラン]

| | |
|---|---|
| 和栗ペースト | 696g |
| ミネラルウォーター | 104g |
| 発酵バター | 70g |

[クレーム・ディプロマット]

| | |
|---|---|
| クレーム・パティシエール | 140g |
| →P.49 参照 | |
| 板ゼラチン | 7g |
| 生クリーム（34%） | 600g |

[クレーム・フランジパーヌ]

| | |
|---|---|
| クレーム・パティシエール | 300g |
| →P.49 参照 | |
| クレーム・ダマンド | 300g |
| →P.149 参照 | |

| | |
|---|---|
| ドリュール | 適量 |
| 和栗の渋皮煮（シロップ 17°B に対し 5%の | |
| ラム酒を合わせたところへ漬けたもの） | |
| | 20個 |
| 粉糖 | 適量 |

## 作り方

[パート・シュクレ]

1 常温で戻しておいた発酵バターを練り、ポマード状にする（a）。

2 粉糖を加え、混ぜる（b）。

3 バターと粉糖が混ざったら、溶きほぐした全卵を 2、3 回に分けて加える（c）。
※入れた卵が混ざったら次を加える

4 ふるった中力粉にアーモンドプードルをよく混ぜ合わせ、3 に一度に加えて混ぜる（d）。

5 粉が全部混ざるか混ざらないかのタイミングで打ち粉をした作業台に出し、手の平で台にこすりつけるようにして生地をまとめる（e）。
※バターが溶け出してベタつく前に手早く行う

6 ラップに包み、冷蔵庫で一晩休ませる（f）。

7 打ち粉をふり、パイシーターで 2mm 厚にのばし、ピケする。

8 直径 10cmの円形に抜き、直径 7cmのタルトレット型に敷き込む（g、h）。型の高さに合わせて余分な生地を取り除き、使うまで冷蔵庫で休ませる。

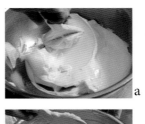
a

b

c

d

e

f

g

h

［クレーム・モンブラン］

1 和栗ペーストを練ってやわらかくし、水を加
　えてのばす。ポマード状にした発酵バター
　と混ぜ合わせる（i）。
　※混ざればOK。白っぽくなるまで混ぜないこと

［クレーム・ディプロマット］

1 クレーム・パティシエールを少し温める。こ
　こに水で戻し、湯煎で溶かした板ゼラチン
　を加え、混ぜる（j）。

2 生クリームをホイップマシンで十分立てにす
　る。
　※クレーム・パティシエールと合わせたときにゆるい
　　と絞り出せないので、ここでかたく泡立てておく

3 生クリームの一部を1のクレーム・パティシ
　エールに加え、よく混ぜる（k）。

4 3を生クリームのボウルに戻し、最初はホイッ
　パー、途中でゴムベラに替えてふんわりと合
　わせる（l、m）。

［組み立て］

1 タルトの土台を作る。P.172を参照してクレー
　ム・フランジパーヌを作り、型に敷いたパート・
　シュクレに30gを絞り、180℃のオーブンで
　約25分焼成する。焼き上がる直前にタルト
　のふちにドリュールを塗り、オーブンに戻し、
　卵に火が通るまで焼く。

2 1が冷めたら、丸口金をつけた絞り袋に入れ
　たクレーム・ディプロマットを少し絞り、和
　栗の渋皮煮をのせる（n）。

3 クレーム・ディプロマットをうず巻き状に高
　く絞り、パレットナイフでならしてドーム状
　に整える（o、p）。冷蔵庫で冷やす。

4 モンブラン口金をつけた絞り袋にクレーム・
　モンブランを入れ、表面に絞る（q）。

5 粉糖をふる（r）。

# Paris-Brest aux Fraises

イチゴのパリ・ブレスト

日髙宣博

§

パリ・ブレストといえば、
プラリネ味のクレーム・オ・ブールで作るのが定番。
それをクレーム・ディプロマットに替え、間にはジェノワーズとイチゴを挟み、
明るい色合いの菓子に仕上げた。誰からも好まれる素材で構成しているうえ、
華やかで可愛らしいリング形。大人から子供まで、
大勢が集まる席の祝い菓子としてもぴったりではないだろうか。
ディプロマットは、パティシエールに対して生クリームが約1.5倍の配合で、
クレーム・シャンティイが主体となっている。
パティシエールと合わせたあとにも保形性が保てるよう、
生クリームは分離直前ぐらいまでしっかりと泡立てておくこと。
その際、パティシエールは滑らかな状態に戻しておくことが、
スムーズな舌触りに仕上げるポイントとなる。

## 材料 (直径約 16cm 1 台分)

[パータ・シュー]

| | |
|---|---|
| 牛乳 | 750g |
| 水 | 250g |
| 塩 | 10g |
| グラニュー糖 | 30g |
| 無塩バター | 300g |
| 薄力粉 | 450g |
| 強力粉 | 50g |
| 全卵 | 1000g |

※分量は作りやすい量

| | |
|---|---|
| ドリュール | 適量 |
| アーモンド (刻んだもの) | 適量 |

[パータ・ジェノワーズ]

(49 × 34 × 4.5cmの角型 1 台分)

| | |
|---|---|
| 全卵 | 800g |
| 卵黄 | 100g |
| 上白糖 | 720g |
| 水飴 | 100g |
| 薄力粉 | 585g |
| 無塩バター | 180g |

[クレーム・ディプロマット]

| | |
|---|---|
| クレーム・パティシエール | 150g |
| → P.53 参照 | |
| 生クリーム (42%) | 250g |
| 粉糖 | 15g |
| キルシュ | 15g |

[アンビバージュ]

| | |
|---|---|
| シロップ | 150g |

※シロップは水 : グラニュー糖を 1 : 1.25 の
　割合で作ったもの

| | |
|---|---|
| コアントロー | 15g |
| 濃縮イチゴジュース | 15g |

※分量は作りやすい量

| | |
|---|---|
| イチゴ | 約 16 個 |
| 粉糖 | 適量 |

## 作り方

[パータ・シュー]

**1** 作り方は P.52 参照。12mmの丸口金をつけた絞り袋に入れ、天板に直径 15cm程度の 2 重の輪を絞り、溝の部分にもう一度輪を絞る (a)。

※輪の絞り始めはそれぞれずらす。重なっていると焼いたあとにはずれやすくなる

**2** ドリュールを塗り (b)、フォークでつなぎの部分を合わせるようにしながら均等に筋を入れる(c)。

※表面に凹凸をつけることで、きれいに膨らむ

**3** アーモンドをたっぷりまぶし (d)、天板を傾けて余分を落とす(e)。

**4** 霧を吹き、上火 165℃、下火 180℃のオーブンで約 60 分焼成する(f)。

※膨らんできたら上火 190℃、下火 150℃にし、1 時間焼いたらダンパーを開ける

a

b

c

d

e

f

［パータ・ジェノワーズ］

**1** ミキサーボウルに全卵と卵黄、上白糖、水飴を合わせ、火にかけて混ぜながら 42 〜 43℃程度に温める(g)。

**2** ミキサーにかけ、高速で泡立てる。

**3** 白っぽくもったりし、気泡がやや小さくなったら低速に落し、回してきめを整える(h)。
※リボン状に落ちる状態になれば OK（i）
※長く回していると、泡が消えるので注意

**4** ふるった薄力粉を加え混ぜ（j）、溶かして 50℃に温めたバターを加え(k)、全体に均一に行き渡るように混ぜる。

**5** 紙を敷いた型に流し(l)、平らにならす(m)。

**6** 上火 180℃、下火 160℃のオーブンで約 50 分焼成する。

**7** 型から外し、上下逆さにして紙をつけたまま冷ます(n)。
※保湿のため

［クレーム・ディプロマット］

**1** クレーム・パティシエールを混ぜ、滑らかな状態にする(o)。

**2** 生クリームに粉糖を加えて十分立てにし、キルシュを加える(p)。
※分離直前まで立てる。パティシエールと合わせたときにダレないように

**3** 2の一部を1に加え、軽く混ぜ合わせる(q)。

**4** 生クリームのボウルに戻し(r)、最初はホイッパー（s）、途中でゴムベラに替えて滑らかになるまで混ぜる(t)。

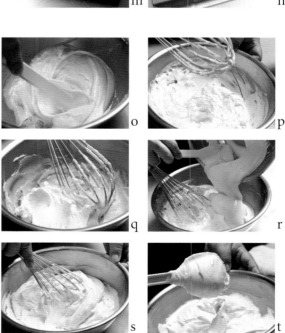

［アンビバージュ］

**1** 材料を混ぜ合わせる。

［組み立て］

**1** シューを上下逆さにしておき、下から2.5㎝のところで横2つに切る（u、v）。

**2** クリームが絞りやすいよう、土台になるシューの内側の余分な生地を除いて空間を作る（w）。

**3** ジェノワーズを1.5㎝厚にスライスし、直径15㎝の円形に抜き、中央を直径7㎝のセルクルで抜いてドーナツ形にする（x）。

**4** クレーム・ディプロマットを星口金をつけた絞り袋に入れ、シューの中に2周絞る（y）。

**5** ジェノワーズにアンビバージュを30gアンビべし（z）、4の上にのせる（a'）。

**6** 上にもクレーム・ディプロマットを2周絞る（b'）。

**7** ヘタをとり、縦半分にカットしたイチゴを外側から並べる（c'）。
  ※ヘタのついていたほうを上に向け、軽く押さえるように

**8** 内側にもイチゴを並べる（d'）。
  ※ジェノワーズが隠れる位置に

**9** イチゴのヘタがついていた部分が隠れるように、上にクレーム・ディプロマットを2周に絞り、カットしたシューの上の部分をのせる（e'）

**10** 粉糖をふる（f'）。

*Column*

# クリームづくりの注意点 その1

本文で紹介している各クリームを作る際の注意点をまとめて紹介。
クリームを作る上で、よくある疑問を取り上げ、解説していく。

## Q1

生クリームの泡立て加減の
使い分けが知りたい。

　生クリームには六分立て、十分立てなど、泡立て加
減を表す呼び方がある。これを目安に用途に応じて使
い分ける。作り手によって多少は異なるが、一般的に
ケーキの表面を覆う場合は六分から七分立てが適当。
これはボリュームが出始めて、泡立て器でやっとすくう
ことのできるやわらかい状態をさす。ムースやババロワ
に加えるときの状態でもある。すくうと角が立ち、ゆっ
くりと先が垂れる状態が八分立て。ショートケーキのよ
うに生地の間に挟むものに適した状態で、絞り出しても
使える。九分立ては、角がしっかりピンと立ち、弾力
のある状態をさす。デコレーション用として絞り出して
使うのに向く。

## Q2

生クリームの乳脂肪分による
違いを知りたい。

　生クリームの乳脂肪分は 30 ～ 50% まである。泡立
てて使う際、一般的に軽くあっさりとした味わいを求め
る場合は乳脂肪分の低いものを使う。乳脂肪分が低い
と、クリーム中に含まれる脂肪球の数が少なくなり、脂
肪球同士が衝突する確率も低くなる。よってつながっ
て編み目状の組織を作るのに時間がかかるため、その
間に空気が充分に含まれ、体積が増え、軽く仕上がる。
　一方、脂肪分の高いクリームは脂肪球の数が多いた
め、泡立てたときの網目構造が密になる。かたさが増
して保形性がよくなるので、コクのある味が欲しいとき
や、デコレーションなどに向く。

## Q3

シャンティイ・ショコラを作るとき、
チョコレートがチップ状に散ってしまった。

　生クリームとチョコレートを合わせる温度が適温で
なかったことが原因。生クリームは冷やして泡立てる
必要があるが、ここへ溶かしたチョコレートを加えると、
急激に温度が下がるために固まってしまう。混ぜてい
るうちにそれが全体に行き渡り、チップ状になる。
　これを防ぐには、まず生クリームをとろりと流れる状
態に泡立てたら氷水からはずし、別のボウルに移す。
チョコレートは生クリームに加えても分離せず、かつ固
まることのない 45℃ に溶かし、一度に加えて混ぜるこ
とがコツ。少しずつ加えるとムラができ、チョコレート
の温度が下がって固まりやすくなるので注意する。

## Q4

クレーム・パティシエールを炊くとき、
早い段階で火を止めてはいけないのはなぜ？

　卵黄、砂糖、小麦粉、牛乳を合わせて火にかけると、
沸騰が始まった時点で粘りが増し、締まってかたくな
る。これは小麦粉に含まれるデンプンが糊化した状態
ではあるが、この時点で火を止めてしまうと、滑らかさ
のない粘りの強いクリームになるためだ。さらに混ぜ続
けると、急に粘りが低下して、サッーと流れる状態に
なる。これは糊化したデンプンの分子の一部が加熱に
よって切れることで発生する。いわゆる「コシが切れた」
状態で、パティシエールの場合は、この段階まで火を
入れる必要がある。その理由は、いったん冷却してか
ら使用するからで、糊化したデンプンは冷却後に粘り
が増す、ということ考慮する必要がある。

# Papeete

パペーテ

菅又亮輔

§

香ばしいパート・シュクレに、
ココナッツの香りのブランマンジェを流して固め、
その上に甘酸っぱいパイナップルのロースト、そしてクレーム・ディプロマット。
トロピカルな素材は好きで店の商品にもよく使っている。
この菓子はディプロマットを主役に構成を考えた。
クレーム・パティシエールにはタヒチ産のヴァニラビーンズを使用。
生クリームにはきび砂糖を入れ、統一感を出している。
パティシエールに対し、合わせる生クリームは2割以下で、
生クリームが少ない配合だ。
しっかりと炊き上げたパティシエールに、
クリーミーなニュアンスとキレを与える役割と考えている。
十分立てまで泡立ててからパティシエールと合わせることが、
保形性のあるディプロマットにするポイントだ。

材料 （直径7cmのタルトリング6個分）

[パート・シュクレ]

| | |
|---|---|
| 発酵バター | 300g |
| 粉糖 | 190g |
| アーモンドプードル | 60g |
| ヴァニラプードル | 0.5g |
| 塩 | 2g |
| 全卵 | 120g |
| 強力粉 | 500g |

※分量は作りやすい量

| | |
|---|---|
| 打ち粉 | 適量 |

[ブランマンジェ・ココ]

| | |
|---|---|
| 牛乳 | 540g |
| ココナッツファイン | 140g |
| グラニュー糖 | 74g |
| 板ゼラチン | 11.2g |
| ココナッツのリキュール | 8g |
| 生クリーム（35%） | 170g |

※分量は作りやすい量

[アナナス・ロティ]

| | |
|---|---|
| 発酵バター | 10g |
| パイナップル | 1/4個 |
| ヴァニラビーンズ | 1/8本 |
| グラニュー糖 | 45g |

[クレーム・ディプロマット]

| | |
|---|---|
| クレーム・パティシエール | 200g |
| → P.57 参照 | |
| 生クリーム（45%） | 30g |
| きび砂糖 | 2g |

| | |
|---|---|
| グラニュー糖 | 適量 |
| 粉糖 | 適量 |

作り方

[パート・シュクレ]

1 作り方は P.280 参照。打ち粉をし、2mm厚に
のばしてピケし、直径10cmの円形に抜いて
型に敷く（a）。米で重石をし（b）、200℃のオー
ブンで25分空焼きする。
※重石は途中で外す

[ブランマンジェ・ココ]

1 鍋に牛乳を沸かして火を止め、ココナッツ
ファインを加え混ぜる（c、d）。ラップをして
5〜10分おいて抽出する。

2 ぎゅっと絞りながら抽出液を漉す（e）。

3 牛乳（分量外）を足して430gにし、再び火
にかけて沸騰直前まで温める。火からおろ
し、グラニュー糖を加え溶かす。

4 水でふやかした板ゼラチンを溶かす（f）。氷
水にあてながら冷やし、とろみをつけ、ココ
ナッツのリキュールを加える

5 生クリームを八分立てにし、4に加え（g）、
混ぜ合わせる。

6 空焼きしたパート・シュクレに1個につき
15gを流し（h）、冷蔵庫で冷やし固める。

[アナナス・ロティ]

1 鍋を熱して発酵バターを溶かし、皮をむき、芯を除いてひと口大にカットしたパイナップルを炒める(i)。

2 ヴァニラビーンズを加え(j)、湯気が出てきたらグラニュー糖を加える。

3 さらに炒め、水分が出てパイナップルが透明になってきたら火を止め(k)、バットにあけて冷ます(l)。

[クレーム・ディプロマット]

1 クレーム・パティシエールを常温でやわらかく戻す(m)。

2 生クリームときび砂糖を合わせ、十分立てにする(n)。

3 2をクレーム・パティシエールに加え(o)、混ぜ合わせる(p)。

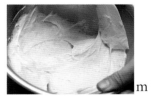

[組み立て]

1 ブランマンジェ・ココを流したタルト台に、アナナス・ロティを等分にのせる(q)。

2 13.5mmの丸口金をつけた絞り袋にクレーム・ディプロマットを入れ、1の上に30gを外側から渦巻き状に絞る(r)。

3 パレットナイフでドーム状に整え(s)、ショックフリーザで冷やし固める(t)。

4 表面にグラニュー糖をつけ(u)、バーナーでカラメリゼする。

5 もう一度グラニュー糖をふり(v)、同様にカラメリゼをし、3回目は粉糖をふってカラメリゼする(w)。

# Praliné Orange

プラリネ・オランジュ

中山洋平

§

グラス仕立てのみずみずしいプチ・ガトー、ヴェリーヌは得意分野の一つ。
これは、プラリネの香ばしくコクのある甘さと、オレンジの優しい酸味、
キャラメルの苦みをバランスのよくまとめた1品だ。
ソース・キャラメルのほのかな塩味と、
上にのせたクランブルが食感と味わいに立体感を与える。
クレーム・ディプロマットは、クレーム・プラリーヌで使用している。
生クリームの分量を多くし、軽く食べやすい構成にした。
ミルキーな味わいの乳脂肪分40％を使用することで、
プラリネやキャラメルの個性がすっきりとまとまる。
クレーム・パティシエールに最後に加える生クリームは、
九分立てまでしっかりと立てることがポイント。ただし立てすぎると、
合わせたときにボソボソした状態になるため、加減を見極めたい。

## 材料 (口径 5.5cm×高さ7cmのグラス約25個分)

[クランブル・カネル]
無塩バター ―――――――― 200g
薄力粉 ――――――――― 200g
グラニュー糖 ――――――― 200g
アーモンドパウダー (皮付き) 150g
シナモンパウダー ――――― 20g

[ビスキュイ・シュクセ]
卵白 ――――――――――― 100g
グラニュー糖 ―――――――― 20g
乾燥卵白 ―――――――――― 2g
アーモンドパウダー (皮付き) 100g
薄力粉 ―――――――――― 10g
粉糖 ――――――――――― 80g
無塩バター ――――――――― 10g

[ガルニチュール・オランジュ]
オレンジ果汁 ――――――― 100g
グラニュー糖 ――――――― 15g
オレンジ (房から果肉を取り出す) 5個分
オレンジの表皮 (すりおろす) 5個分
粉ゼラチン ――――――――― 4g
水 ―――――――――――― 24g

[ソース・キャラメル・サレ]
グラニュー糖 ――――――― 200g
生クリーム (35%) ――――― 300g
無塩バター ―――――――― 40g
塩 ―――――――――――― 2g

[クレーム・プラリーヌ]
クレーム・パティシエール
牛乳 ――――――――― 250g
生クリーム (35%) ――― 125g
ヴァニラビーンズ ―――― 1本
グラニュー糖 ――――― 75g
コーンスターチ ―――― 30g
全卵 ―――――――――― 62g
※上記の分量で作り、400g 使用
生クリーム (35%) ――――― 1000g
プラリネ・ノワゼット ――― 200g

[オレンジの飾り]
オレンジの表皮 (細切り) ―― 適量
シロップ (30° B) ―――――― 適量
※オレンジの表皮をシロップで透明になる
まで約10分煮て冷ます

シナモンパウダー ――――― 適量
金箔 ―――――――――――― 適量

## 作り方

[クランブル・カネル]

1 バターは1cm角に切る。全ての材料とともに
冷蔵庫で使うまで冷やしておく。

2 バター以外の材料をミキサーボールに合わ
せ (a)、ビーターを装着して低速で混ぜる。

3 全体に混ざったら、バターを少しずつ加え
て攪拌する (b)。

4 そぼろ状になったらミキサーを止める (c)。

5 紙を敷いた天板に広げる。大きい塊は砕き
ながら行う (d)。

6 160℃のコンベクションオーブンで約23分
焼成し、冷ます (e)。

a

b

c

d

e

[ビスキュイ・シュクセ]

**1** ミキサーボウルに卵白を入れ、よく混ぜ合わせたグラニュー糖と乾燥卵白を加え、ホイッパーを装着して中〜高速で泡立て、角がピンと立ったメレンゲを作る（f）。

**2** ミキサーからはずし、ふるったアーモンドパウダーと薄力粉、粉糖を一度に加え（g）、木ベラでさっくりと混ぜ合わせる（h）。

**3** 溶かして48℃に調整したバターを加える（i）。

※バターは低めの温度で合わせて混ぜる回数を増やし、少しかための生地に仕上げる。クリームの間に入れる生地なので、水分を吸ったあとも食感のインパクトが残るようにするため

**4** ゴムベラに持ち替え、バターが全体に馴染むまで混ぜ合わせる（j）。

**5** 13mmの丸口金をつけた絞り袋に入れ、紙を敷いた天板の上に直径3cmのドーム状に絞る（k）。

**6** 160℃のコンベクションオーブンで約20分焼成し、冷ます（l）。

[ガルニチュール・オランジュ]

**1** 鍋にオレンジ果汁とグラニュー糖と合わせて中火にかける（m）。

**2** 沸騰したら、ひと口大にカットしたオレンジの果肉を加えて火を止め、オレンジの表皮を加える（n、o）。

**3** 再び中火にかけ、ゴムベラで全体を混ぜ、沸騰したら火を止める。分量の水でふやかし、溶かした粉ゼラチンを加え混ぜ合わせる（p）。

**4** ボウルに移し、底を氷水にあてて冷やす（q）。

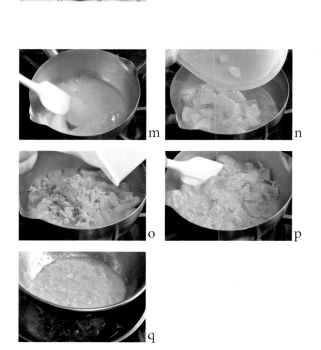

［ソース・キャラメル・サレ］

1 鍋にグラニュー糖を入れて強火にかけ、ときどき混ぜながら赤茶色になるまで煮詰める（r）。

2 別の鍋で生クリームを沸かす。1が沸き上がったら火を止め、泡が落ち着いて細かくなったら生クリームを加え混ぜる（s、t）。混ざったら再び火にかけ、混ぜながら鍋の内側に飛び散ったキャラメルを溶かして混ぜ合わせる。

3 火を止め、常温で柔らかくしたバターと塩を加え、泡立て器で混ぜ合わせる（u、v）。ハンドブレンダーで攪拌して乳化させる。

4 ボウルに移し、底を氷水にあてて冷ます（w）。

［クレーム・プラリーヌ］

1 P.61を参照してクレーム・パティシエールを作る（x）。

2 ストレーナーで漉してプラックに広げ、表面にラップを密着して急速冷却する（y、z）。

3 生クリームをミキサーに入れ、中速で七分立てまで泡立てる（a'）。ボウルに移す。
※ホイッパーですくうと、ぽってりと落ちて下に跡が残る程度

4 分量のクレーム・パティシエールを別のボウルに入れ、ゴムベラでほぐして柔らかくする（b'）。

5 プラリネ・ノワゼットを別のボウルに入れ、4の一部を加え、混ぜ合わせる（c'）。

6 5をクレーム・パティシエールのボウルに戻し、しっかりと混ぜ合わせる（d'）。

7 6に6とほぼ同量の3を加え（e'）、泡立て器で混ぜて滑らかな状態にする。

8 3を泡立て器で少し立て、九分立てにする（f'）。
※角がしっかり立って弾力のある状態。これ以上立てると、次の工程でクレーム・パティシエールと合わせるときにボソボソとした状態になる

9 7を8に加える（g'）。

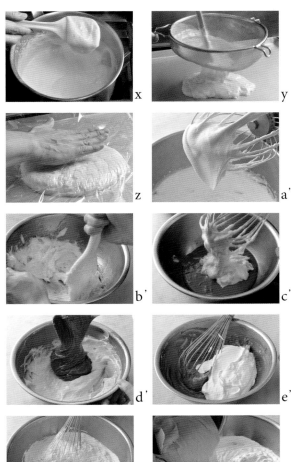

10 ボウルを回しながら、泡立て器で底からす
くい上げるようにしながら混ぜ合わせ、均一
な状態にする(h'、i')。

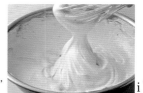

［組み立て・仕上げ］

1 ソース・キャラメル・サレを絞り袋に入れて
先端をカットし、グラスの底に 10g ずつ絞り
入れる(j')。

2 クレーム・プラリーヌを 15.5㎜の丸口金をつ
けた絞り袋に入れ、1 の上に 20g ずつ絞る
(k')。

3 2 の上にビスキュイ・シュクセを 1 個ずつの
せる(l')。

4 3 の上にガルニチュール・オランジュを 27g
ずつスプーンでのせる(m')。

5 4 の上にクレーム・プラリーヌを 23g ずつ絞
る(n')。

6 5 の上にグラスの周囲に沿ってソース・キャ
ラメル・サレを 8g ずつ絞る(o')。

7 6 の上にクランブル・カネルを 7g ずつのせ
る(p')。

8 7 の上にクレーム・プラリーヌをこんもりと
絞り、シナモンパウダーを茶漉しでふる(q'、
r')。

9 8 の上に金箔とオレンジの飾りをのせる(s')。

# Partie

# 5

# Crème Mousseline
クレーム・ムスリーヌ

*p116-119* 興野 燈 —— Mille-Feuille ミルフイユ

*p120-125* 藤巻正夫 —— Bigarade ビガラード

*p126-129* 日髙宣博 —— Fraisier フレジエ

*p130-133* 菅又亮輔 —— Succès Noisette シュクセ・ノワゼット

*p134-139* 中山洋平 —— Simone シモーネ

クレーム・パティシエールにバターを合わせたクリームを、
クレーム・ムスリーヌと呼ぶ。
ムスリーヌの語源は、モスリン織りに由来する。
料理や菓子では、軽く滑らかなソースやデザートなど、
この布の感触を思わせるものに使われている。
常温で戻して空気を含ませたバターに、
同じく常温でやわらかくしたクレーム・パティシエールを混ぜる。
また、バターそのものではなく、クレーム・オ・ブールと合わせる場合もある。
このタイプは、クレーム・オ・ブールには粘着性が、パティシエールには防水
性が加わるため、フルーツなどと合わせるのに適したクリームとなる。
バターまたはクレーム・オ・ブールに対し、
パティシエールの量は 1/2 から 2/3 が一般的だが、
これより減らした場合は、軽さのあるクリームに仕上がる。

# Mille-Feuille

ミルフイユ

興野 燈

§

パイとクリームのおいしさが、

ストレートに味わえる菓子の代表ではないだろうか。

フイユタージュは、バターでデトランプを包むアンヴェルセで作っている。

香ばしさが出るように中までしっかり焼き込み、

パイ特有のハラハラとした食感を受け止めるクリームとして

クレーム・ムスリーヌほどふさわしいものはない。

パティシエールだけでは、生地が水分を吸って湿ってしまうし、

クレーム・オ・ブールではパイとの一体感が薄くなり、はがれてしまう。

ムスリーヌにすることで、クリームに防水性と粘着性が加わり、

この菓子には最適となるのだ。

作り方のポイントは、構成要素を合わせるタイミングと温度。

クレーム・オ・ブールのベースとなるクレーム・アングレーズは

炊きあがったら22 ～ 25℃まで冷まし、常温のバターと合わせる。

そしてムラング・イタリエンヌは22℃、

クレーム・パティシエールは25℃で合わせると、分離することなく乳化する。

## 材料 <small>(9 個分)</small>

[フイユタージュ・アンヴェルセ]
- 無塩バター —————— 500g
- 強力粉 —————————— 200g
- デトランプ
  - 無塩バター —————— 150g
  - 塩（ゲランド） —————— 14g
  - 強力粉 —————————— 250g
  - 薄力粉 —————————— 217g
  - 白ワインヴィネガー ——— 3.5g
  - 冷水 —————————— 200g
  - ※分量は作りやすい量

グラニュー糖 ————————— 適量
粉糖 ————————————— 適量

[クレーム・ムスリーヌ]
- 卵白 —————————— 30g
- 水 ——————————— 13g
- グラニュー糖 —————— 60g
- 無塩バター —————— 213g
- クレーム・アングレーズ —— 125g
  - 牛乳 —————————— 225g
  - ヴァニラビーンズ ——— 1/2 本
  - 卵黄 —————————— 175g
  - グラニュー糖 —————— 150g
  - ※分量は作りやすい量
- クレーム・パティシエール — 400g
  - → P.44 参照

クレーム・パティシエール —— 適量
　→ P.44 参照
パイクラム ————————— 適量
粉糖 ————————————— 適量

## 作り方

[フイユタージュ・アンヴェルセ]

1 作り方は P.168 参照。ただし三つ折りは 3 回
　1 セットを 4 回行う。パイシーターで 2.5mm
　厚にのばし、40 × 36cmにカットする(a)。

2 天板にのせ、ピケローラーでピケする(b)。
　※細かくピケする必要はない。グリルをのせて焼く
　　ので、膨みがおさえられるため

3 グラニュー糖を表面に薄くふりかける(c)。
　※カラメリゼではなく、食感のため

4 165℃のオーブンで 5 分焼き、生地が膨らん
　できたらグリルを上において 20 分焼く(d)。

5 天板の前後を入れ替え、25 分焼成する(e)。

6 5 が完全に冷めたら端を切り落とし、36 ×
　10.5cmの生地を 3 枚カットし、そのうち 1 枚
　を 4cm幅にカットする(f)。

7 全体にまんべんなく粉糖をふりかける(g)。

8 210℃のオーブンで 5 分、前後を入れ替えて
　5 分、粉糖が溶けてきれいなカラメル色にな
　るまで焼く(h)。

［クレーム・ムスリーヌ］

1 卵白を泡立て、水とグラニュー糖を合わせて117℃まで煮詰めたシロップを注ぎ、さらに泡立ててメレンゲを作る（i）。

　※5で合わせるときに22℃になっているよう、出来上がるタイミングを合わせる

2 バターを常温で戻してポマード状にし、ミキサーボウルに入れる。

3 クレーム・アングレーズを作る。牛乳とヴァニラビーンズを合わせて沸かし、卵黄とグラニュー糖をすり混ぜたところへ注ぎ、82℃まで煮詰めてとろみをつけ、冷ます。

4 3が22〜25℃になったら、125gを2に2回に分けて加え（j）、中速で回して乳化させる（k）。

　※アングレーズが30℃以上だと、バターが溶けて口当たりの悪いクリームになる

5 1を加え（l）、ヘラで混ぜる（m）。

6 これを、室温で戻し23〜25℃にしたクレーム・パティシエールに加え（n）、滑らかになるまで混ぜ合わせる（o、p）。

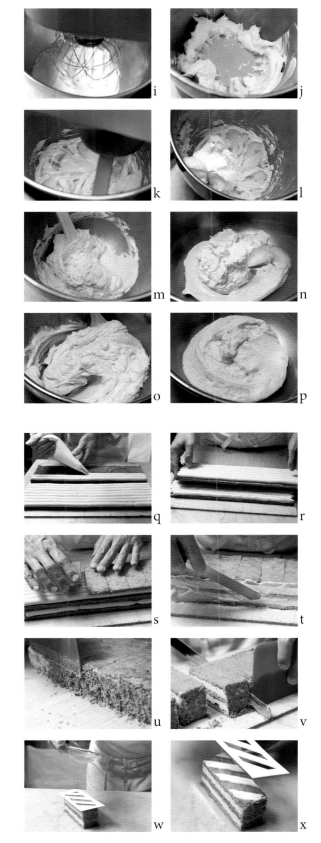

［組み立て］

1 36×10.5cmのフイユタージュ2枚をカラメリゼをした面を上にしておく。

2 クレーム・ムスリーヌを13.5mmの丸口金をつけた絞り袋に入れ、1の上にそれぞれ8本ずつ絞る（q）。

3 重ねたときにクリームがつぶれないようにするため、ショックフリーザーに入れてクリームの表面を固める。

4 2枚のフイユタージュを重ねる（r）。

5 10.5×4cmにカットしたフイユタージュを上に並べる（s）。

6 クレーム・パティシエールを側面に塗り（t）、パイクラムをまぶす（u）。

7 上にのせたフイユタージュの幅に合わせて1個ずつカットする（v）。

8 飾り用に窓枠をあけた紙をあて、上から粉糖をふり（w）、模様をつける（x）。

# Bigarade

ビガラード

藤巻正夫

§

この菓子に使ったクレーム・ムスリーヌは、
最初の修行先である「ヒサモト洋菓子店」で作っていたものがもとになっている。
オレンジの甘酸っぱさと塩気の効いた味わいが、非常に印象的だった。
それをさらにおいしく食べるにはどうするか、考えて生まれた菓子だ。
ムスリーヌは実際、ちょっと塩を加えることで実に印象的な味わいになる。
組み立てのイメージは「夏のオペラ」。ガナッシュもショコラ・ブランをベースにし、
見た目もさわやかな印象に仕上げている。
最近は、バターの代わりにクレーム・オ・ブールを合わせて
軽さを出すことがムスリーヌの主流だが、今回は伝統に忠実にバターを使った。
滑らかな舌触りが身上のクリームだ。
バターもパティシエールも合わせる前にともに常温において
やわらかく戻し、温度や状態を均一にしておくことがポイントとなる。

## 材料 (90個分)

### [ビスキュイ・ジョコンド]
(60×40cmの天板3枚分)

| | |
|---|---|
| 強力粉 | 60g |
| 中力粉 | 60g |
| アーモンドプードル | 426g |
| 無精製糖 | 426g |
| 全卵 | 600g |
| 卵白 | 360g |
| 粗糖 | 150g |
| 発酵バター | 85.5g |

### [クラクラン・ダマンド]

| | |
|---|---|
| スライスアーモンド | 156g |
| シロップ (30°B) | 39g |
| 発酵バター | 8g |
| 天然ヴァニラ原液 | 0.1g |
| チョコレート (70%) | 39g |

### [シロ・ドランジュ]

| | |
|---|---|
| ミネラルウォーター | 500g |
| 無精製糖 | 150g |
| レモンの表皮 (すりおろし) | 0.8g |
| オレンジの表皮 (すりおろし) | 1.3g |
| ヴァニラビーンズ | 1本 |
| ラム | 57g |
| コアントロー | 69g |

### [クレーム・ムスリーヌ・サレ・ドランジュ]

| | |
|---|---|
| クレーム・パティシエール | 660g |
| → P.49 参照 | |
| パート・ドランジュ | 60g |
| レモン汁 | 12g |
| 天然塩 | 7.2g |
| 天然ヴァニラ原液 | 2g |
| 発酵バター | 540g |

### [ガナッシュ・ドランジュ]

| | |
|---|---|
| オレンジジュース (オーガニック) | 280g |
| 水飴 | 90g |
| ヴァニラビーンズ | 1本 |
| ホワイトチョコレート | 700g |
| パート・ドランジュ | 60g |
| 発酵バター | 250g |

### [ナパージュ・ドランジュ]

| | |
|---|---|
| オレンジ・スライス (シロップ煮) | 100g |
| オレンジジュース (オーガニック) | 90g |
| パート・ドランジュ | 10g |
| オレンジの表皮 (すりおろし) | 2g |
| 板ゼラチン | 10g |
| ナパージュ・ヌートル | 200g |

オレンジ・スライス (シロップ煮) ── 200g

## 作り方

### [ビスキュイ・ジョコンド]

1 強力粉、中力粉を合わせてふるい、ミキサーボウルに入れ、アーモンドプードルと無精製糖を加える。

2 溶きほぐした全卵を一度に加え(a)、白っぽくなるまで回す(b)。

3 卵白に粗糖を加えて泡立て、メレンゲを作る(c)。

4 3のメレンゲを2に数回に分けて加え混ぜ合わせる(d)。

5 溶かした発酵バターを加え、混ぜる(e)。

6 紙を敷いた天板に流し、L字パレットで表面を平らにならす(f)。

7 215℃のオーブンで約10分焼成する(g)。

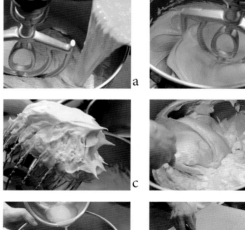
a b c d

e

f

g

[クラクレン・ダマンド]

1 ボウルにスライスアーモンドを入れ、シロッ
プと溶かした発酵バター、天然ヴァニラ原
液を加え、全体にからめる（h）。

2 シルパットを敷いた天板に広げ（i）、170℃の
オーブンで約20分加熱して焼き色をつける。
※ときどきオーブンから出して全体を混ぜ、天板の
　前後を入れ替えるなどしてまんべんなく焼き色を
　つける

3 粗熱がとれたら、50℃程度に溶かしたチョ
コレートを入れ（j）、全体にからめる（k）。
※両方が熱いうちに作業する。アーモンド1枚1枚
　がしっかりチョコレートで覆われるよう、ていねい
　に混ぜる

[シロ・ドランジュ]

1 銅鍋に水、無精製糖、レモンの表皮、オレ
ンジの表皮、さやを縦にさいたヴァニラビー
ンズを合わせて沸かす（l）。

2 ボウルに漉し入れ、氷水にあてながら冷や
す。しっかり冷えたらラムとコアントローを
加える（m）。

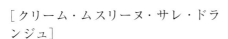

[クリーム・ムスリーヌ・サレ・ドラ
ンジュ]

1 クレーム・パティシエールを常温において軽
く練り、やわらかくする（n）。

2 パート・ドランジュ（o）、レモン汁、天然塩、
天然ヴァニラ原液を加える。

3 発酵バターを常温で戻し、ポマード状にす
る。ここへ2を加え（p）、滑らかになるまで
混ぜ合わせる（q）。

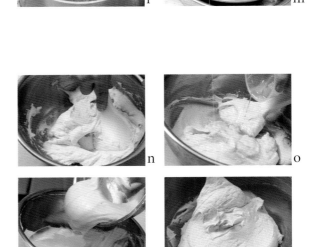

[ガナッシュ・ドランジュ]

1 銅鍋にオレンジジュース、水飴、さやを縦にさいたヴァニラビーンズを合わせて火にかけ、沸かす(r)。

2 ヴァニラビーンズを取り除き、細かく刻んだホワイトチョコレートに加える(s)。

3 ホイッパーでなめらかになるまで混ぜる(t)。

4 氷水にあて、30℃まで冷ましたらパート・ドランジュを加える(u)。

※冷やしすぎるとチョコレートに含まれるカカオバターが凝固し、他の材料と合わせにくくなるので注意

5 常温に戻した発酵バターをポマード状にし、4に加えて混ぜる(v)。

6 プラックなどに薄く流し、塗り広げられるかたさまで冷やす(w)。

[ナパージュ・ドランジュ]

1 オレンジ・スライス、オレンジジュース、パート・ドランジュ、オレンジの表皮をロボクープなどで撹拌し、鍋に入れて火にかける(x)。

2 沸いたら火を止め、水で戻した板ゼラチンを加え溶かし(y)、ボウルに移す。

3 冷めてきたらナパージュ・ヌートルを加えて混ぜる(z、a')。

［組み立て］

**1** アクリル板の上にOPPシートを敷き、58 × 38 × 4cmのカードルをおく。クレーム・ムスリーヌ・サレ・ドランジュを半量入れ（b'）、全体に広げる（c'）。

**2** ビスキュイ・ジョコンドの焼き目にシロ・ドランジュ1/4量をたっぷりとアンビベする（d'）。

**3** アンビベした面を下にしてカードルに入れ、紙をはがして上から押さえる（e'）。

**4** シロ・ドランジェ1/4量をアンビベする（f'）。
※ビスキュイ・ジョコンドは生地がしっかりしているので、シロをたっぷり打ってもくずれることはない

**5** ガナッシュ・ドランジュが、指がすっと入るちょうどよい状態になっているのを確認し（g'）、4に入れ、平らにならす（h'）。
※平口金をつけた絞り袋に入れて絞ってもよい

**6** 5mm角に切ったオレンジ・スライスを散らす（i'）。

**7** 2、3、4と同じ要領で2枚目のビスキュイの両面にアンビベし、カードルに入れ、残りのクレーム・ムスリーヌを広げる。

**8** クレーム・ムスリーヌの上にクラクレン・ダマンドを散らす（j'）。

**9** 3枚目のビスキュイにはアンビベせず、焼き目を下にしてカードルに入れ、上からしっかり平らに押さえる（k'）。ショックフリーザーで急速冷却する。

**10** バーナーで温めてカードルを外し（l'）、9.5cm幅に切る（m'）。いったん冷凍庫に入れる。

**11** ナパージュ・ドランジュをかけ、パレットナイフで上面に広げる（n'）。

**12** 2.5cm幅に切る（o'）。

# Fraisier

フレジエ
日髙宣博

§

フランス版イチゴのショートケーキは、その名の通り、
イチゴをおいしく食べるために考え出された菓子と理解している。
また、クレーム・ムスリーヌと言えばフレジエが
真っ先に浮かんでくるほど、このクリームとは切っても切り離せない。
店では、週末限定のプティガトーとして販売している。
ここではイチゴ畑をイメージしたアントルメに仕上げた。
クレーム・パティシエールにはバターだけでなく
ムラング・イタリエンヌを加え、軽さを出している。
口当たりの滑らかさが身上のクリームだ。
パティシエールとバターを合わせるときには、
ともに常温でやわらかく戻しておくこと。パティシエールが冷たいと、
ポマード状のバターを加えたときに締まって固まり、
滑らかに混ざっていかないからである。

## 材料 <small>（直径15cm×高さ5cmのセルクル4台分）</small>

[ビスキュイ・ピスターシュ]
<small>（52×38cmの角型2台分）</small>

| | |
|---|---|
| アーモンドプードル | 148g |
| 粉糖 | 170g |
| パート・ドゥ・ピスターシュ | 100g |
| 卵黄 | 160g |
| 卵白 | 235g+235g |
| 乾燥卵白 | 5g |
| グラニュー糖 | 135g |
| 薄力粉 | 75g |
| コーンスターチ | 85g |

[クレーム・ムスリーヌ]

| | |
|---|---|
| クレーム・パティシエール | 375g |
| → P.53 参照 | |
| キルシュ | 20g |
| 無塩バター | 450g |
| ムラング・イタリエンヌ | |
| 　グラニュー糖 | 210g |
| 　トレハロース | 90g |
| 　水 | 90g |
| 　卵白 | 150g |

※作り方はP.276のムース・キャラメル内
　参照

| | |
|---|---|
| イチゴ | 約30個 |
| 粉糖 | 適量 |
| イチゴのフリーズドライパウダー | |
| | 適量 |
| ナパージュ・ヌートル | 適量 |
| ピスタチオ | 適量 |
| ホワイトチョコレート | 適量 |
| 金箔 | 適量 |

## 作り方

[ビスキュイ・ピスターシュ]

1　アーモンドプードルと粉糖を合わせてミキサーボウルに入れ、低速で回す。

2　パート・ドゥ・ピスターシュと卵黄、卵白235gを合わせて溶き、1に数回に分けて加える（a）。

3　卵が馴染んだら高速にし、白っぽくなるまで泡立てる（b）。

4　卵白235gを泡立て、グラニュー糖と乾燥卵白を加えてさらに泡立ててメレンゲを作る。

5　3をボウルに移し、メレンゲの一部を加えてざっと混ぜる（c）。

6　合わせてふるった薄力粉とコーンスターチを一度に加え、混ぜる（d）。

7　粉が見えなくなったら残りのメレンゲを2回に分けて加え（e）、下から上へとすくい上げるようにさっくり混ぜる（f）。

8　紙を敷いた型に流して表面を平らにし（g）、230℃のオーブンで約12分焼成する（h）。
　※冷めたら乾燥しないように、ビニール袋に入れて保存する

a

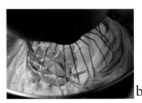
b

c

d

e

f

g

h

[クレーム・ムスリーヌ]

**1** クレーム・パティシエールを常温において混ぜ、滑らかに戻し、キルシュを加える（i）。

**2** 常温で戻してポマード状にしたバターを3回に分けて加え、混ぜる（j）。

**3** ムラング・イタリエンヌの一部を2に加え、しっかり混ぜ合わせる（k）。

**4** 残りのムラングを2回に分けて加え混ぜ、ゴムベラに持ち替えてきめを整える（l）。

[組み立て]

**1** ビスキュイ・ピスターシュが冷めたら直径15cmのセルクルで抜き、焼き目を取り除く（m）。
 ※ビスキュイは1台につき2枚使用

**2** 回転台にのせ、セルクルをはめる（n）。

**3** 11mmの丸口金をつけた絞り袋にクレーム・ムスリーヌを入れ、外側から渦巻き状に薄く絞る（o）。

**4** ヘタをとったイチゴを縦半分に切り、切り口を外側に向けセルクルに沿って並べる（p）。
 ※イチゴと型の間にクリームが入らないよう、ぴったりと貼り付ける

**5** 中央に丸のままのイチゴを並べる（q）。

**6** クレーム・ムスリーヌをイチゴを覆うように上に絞り（r）、カードで表面を平らにする（s）。

**7** もう1枚のビスキュイ・ピスターシュをのせ、クレーム・ムスリーヌを絞る（t）。

**8** 表面を平らにならし、波刃包丁で面積の半分に模様をつける（u）。

**9** 全体に粉糖をふり、模様のない部分にイチゴのフリーズドライパウダーをふる（v）。

**10** セルクルを外し（w）、イチゴを飾ってナパージュ・ヌートルを塗り（x）、ピスタチオとホワイトチョコレートを飾り、金箔をふる。

# Succès Noisette

シュクセ・ノワゼット
菅又亮輔

§

軽めのクレーム・ムスリーヌを使った一品をと思い、生まれた菓子。
クレーム・オ・ブールに対してクレーム・パティシエールは1/5量程度の配合。
クレーム・オ・ブールが主体となるが、一部パティシエールが入ることにより、
味わいはぐんとやわらかくなり、別のクリームのような表情を見せる。
クリームの滑らかさと対比させ、サクサクのメレンゲを組み合わせている。
要素がそれだけでは単調なので、ローストしたヘーゼルナッツの食感で楽しさをプラス。
さらに、甘味とキレのあるミルクチョコレートのグラサージュで味に変化を出した。
クレーム・オ・ブールは、パティシエールと合わせる前に
ホイッパーで立てて空気を含ませておく。
そうすることで、軽やかで口溶けのよいムスリーヌに仕上がる。

## 材料（8個分）

[シュクセ・ノワゼット]
ヘーゼルナッツプードル
（ローストしたもの）————125g
粉糖————125g
卵白————250g
グラニュー糖————250g
※分量は作りやすい量

[クレーム・ムスリーヌ・ノワゼット]
クレーム・パティシエール — 80g
→ P.57 参照
パート・ドゥ・ノワゼット — 20g
プラリネ・ノワゼット————40g
クレーム・オ・ブール————400g
→ P.73 参照（プラリネの工程は除く）

[グラサージュ]
ヘーゼルナッツ
（ローストしたもの）————60g
ミルクチョコレート（50%）————500g
サラダオイル————80g

ヘーゼルナッツ
（ローストしたもの）————適量

## 作り方

[シュクセ・ノワゼット]

1 ヘーゼルナッツプードルと粉糖を手ですり合わせて馴染ませ(a)、ふるっておく。

2 卵白をミキサーで回す。泡立ってきたらグラニュー糖を数回に分けて加え(b)、角が立つまで泡立ててツヤのあるしっかりとしたメレンゲを作る(c)。

3 1をメレンゲに少しずつ加えながらさっくりと混ぜる(d、e)。

4 11mmの丸口金をつけた絞り袋に入れ、紙を敷いた天板の上に直径4cmの円形に絞る(f、g)。
※焼くと広がるので、欲しい大きさよりひとまわり小さく絞る

5 150℃のオーブンで25分焼成する(h)。

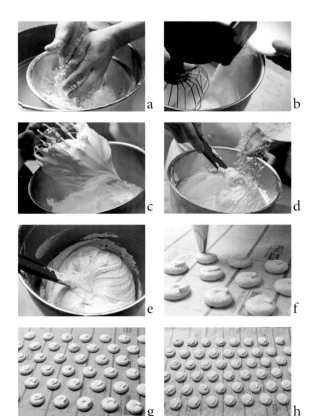

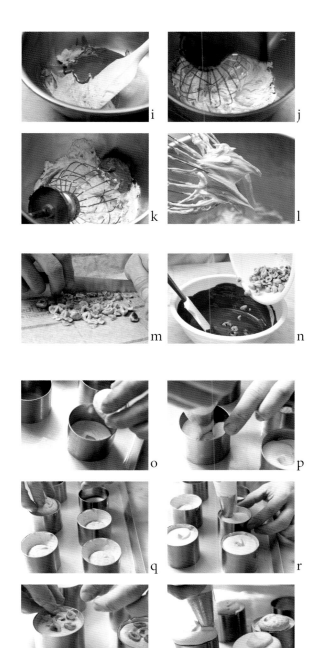

i

j

k

l

m

n

[クレーム・ムスリーヌ・ノワゼット]

**1** クレーム・パティシエールを常温で戻し、パート・ドゥ・ノワゼットとプラリネ・ノワゼットを加え（i）、滑らかに混ぜる。

**2** クレーム・オ・ブールをミキサーで回し、空気を含ませる（j）。

**3** 滑らかになったら、**1**のクレーム・パティシエールを加え（k）、混ぜ合わせる（l）。

[グラサージュ]

**1** ヘーゼルナッツを刻む（m）。

**2** 溶かしたチョコレートとサラダオイルを混ぜ合わせる。

**3** ヘーゼルナッツを加える（n）。

[組み立て]

**1** プラックにOPPシートを敷き、直径4.5cm×高さ5.5cmのセルクルを並べる。

**2** 15.5mmの丸口金をつけた絞り袋でクレーム・ムスリーヌ・ノワゼットを底に一周絞る。中央にシュクセ・ノワゼットを入れ（o）、プラックにつくまで軽く押さえる。

**3** クレーム・ムスリーヌ・ノワゼットを上に絞る（p）。

**4** スプーンの背を使い、セルクルとの間に空気が入らないようにクリームを側面にせり上げる。2個目のシュクセ・ノワゼットを入れる（q）。

**5** クレーム・ムスリーヌ・ノワゼットを絞り（r）、刻んだヘーゼルナッツをのせ（s）、3個目のシュクセ・ノワゼットをのせてクリームを絞る（t）。

**6** パレットナイフでドーム形に整え（u）、ショックフリーザーで急速冷却する。

**7** グリルの上にセルクルからはずした**6**をおく。グラサージュを上からかける（v）。

o

p

q

r

s

t

u

v

# Simone

シモーネ
中山洋平

§

甘みとコクのあるシチリア産のピスタチオを、
バターの口溶け滑らかなクリーム・ムスリーヌに混ぜ込んで、
ナッツの味わいを引き立てたタルト仕立てのプチ・ガトー。
濃厚そうに見えるが、中に入れたフランボワーズのコンポテの果実感で、
口に入れると、軽快でジューシーな味わいに驚く。
クレーム・ムスリーヌを作る際は、先に半量のバターを
クレーム・パティシエールを炊くときに加えることがポイントだ。
残りのバターは、冷えた状態から立ててしっかり空気を含ませておく。
ここに、クレーム・パティシエールを、
混ざりやすい温度に下げながら加えていく。
「冷やしながら立てる」製法だが、こうすると、
ミキサーを回しているうちに熱がついてバターが柔らかくなり、
空気が含まれにくくなることが防げる。
軽い口溶けのムスリーヌに仕上げるコツだ。

## 材料 （直径7cm×高さ約4cm約30個分）

[パート・シュクレ]
無塩バター ——————— 180g
粉糖 ————————————— 120g
アーモンドパウダー（皮付き）・150g
塩 ——————————————— 1.5g
全卵 ———————————————— 60g
薄力粉 ——————————— 300g
※分量は作りやすい量

[クレーム・ダマンド・フランボワーズ]
全卵 ——————————————— 100g
フランボワーズ・ピューレ —— 100g
生クリーム（35%） —————— 85g
キルシュ ————————————— 20g
粉糖 ———————————————— 200g
アーモンドパウダー ———— 200g
コーンスターチ ———————— 20g
無塩バター ——————————— 150g

フランボワーズ（冷凍・ホール）・約90個

[コンポテ・フランボワーズ]
フランボワーズ（冷凍・ホール）・500g
グラニュー糖 ———————— 50g+50g
ペクチン（イエローリボン） — 12g

[クレーム・ムスリーヌ・ピスターシュ]
牛乳 ———————————————— 375g
ピスタチオペースト ————— 75g
卵黄 ———————————————— 90g
グラニュー糖 ———————— 132g
コーンスターチ ———————— 30g
無塩バター ———————— 100g+100g
生クリーム（35%） —————— 190g

[グラサージュ・ピスターシュ]
パータ・グラッセ（ホワイト） — 500g
ホワイトチョコレート（35%） — 280g
ピスタチオペースト ———— 200g
ピスタチオ（ローストして刻む） — 100g
サラダオイル ———————— 80g

フランボワーズ ——————— 適量
ナパージュ・ヌートル ——— 適量

## 作り方

[パート・シュクレ]

**1** ミキサーボウルに常温で柔らかくしたバターと粉糖、ふるったアーモンドパウダー、塩を入れ、ビーターで低速で撹拌する（a）。

**2** ダマがなくなり均一な状態になったら、溶きほぐした全卵を少しずつ加え、加えるたびによく混ぜる（b）。

**3** ふるった薄力粉を一度に加え、低速で混ぜる（c、d）。
※材料のつながりをよくするためにしっかり混ぜる

**4** まとまったらミキサーからはずし、ビニールシートを敷いたプラックの上に開ける。2cm厚の正方形に整え、シートで包んで冷蔵庫で一晩休ませる（e、f）。

**5** 打ち粉（分量外）をしながらパイシーターで2mm厚にのばし、ピケし、直径5センチの抜き型で抜く。シルパンを敷いた天板の上に直径7cm×高さ2cmのタルトリングを並べ、中央に生地を置く。使うまで冷蔵庫に入れる（g）。

a

b

c

d

e

f

g

[クレーム・ダマンド・フランボワーズ]

**1** ロボクープに全卵とフランボワーズ・ピュー
レを入れ(h)、生クリームとキルシュを加える。

**2** 粉糖、アーモンドパウダー、コーンスターチ
を加え、溶かして50℃に調整したバターを
加える(i)。

※バターの温度が低いときれいに混ざらない

**3** 蓋をし、攪拌する(j、k)。滑らかになったら
ボウルに移す(l)。

※上にクレーム・ムスリーヌを重ねるので平らに仕
上げたい。そのため、空気が入らないようロボクー
プを使用し、バターは溶かして加える

**4** 11mmの丸口金をつけた絞り袋に入れ、[パー
ト・シュクレ]の**5**に上に30gずつ絞る(m)。

**5** フランボワーズを凍ったまま3個ずつのせる
(n)。

※凍ったままのせることで焼成中に解凍し、水と一
緒に出てくる果汁でみずみずしさが加わる

**6** 160℃のコンベクションオーブンで約20分
焼成する。タルトリングを少し揺すってくっ
ついた部分をはずす(o)。冷ます。

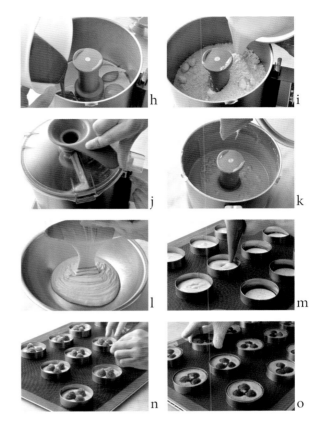

[コンポテ・フランボワーズ]

**1** グラニュー糖50gとペクチンをよく混ぜ合わ
せておく。

**2** 鍋にフランボワーズとグラニュー糖50gを合
わせ、果肉を潰しながら中火にかける。沸
騰したら**1**を加え、混ぜる(p)。

**3** そのまま混ぜ、再度沸騰してとろみがつい
たら火を止める(q)。ボウルに移し、底を氷
水にあてながら完全に冷ます(r)。

**4** **3**を絞り袋に入れて先端をカットし、[クレー
ム・ダマンド・フランボワーズ]の**6**の上に
12gずつ絞る(s)。冷凍する。

［クレーム・ムスリーヌ・ピスターシュ］

1 銅鍋に牛乳とピスタチオペーストを合わせ、泡立て器で混ぜながら火にかける（t）。

2 ボウルに卵黄とグラニュー糖、コーンスターチを合わせ、泡立て器ですり混ぜる（u）。

3 1が沸騰したら2に1/3量を注ぎ、溶き混ぜ、2に戻す（v、w）。

4 3を強火にかけ、泡立て器で絶えず混ぜながら加熱する（x）。沸騰し、手が重くなってとろみがつく。さらに混ぜてコシが切れ、ツヤが出るまでしっかりと火を通す。

5 火からおろし、常温で柔らかくしたバター100gを加え、よく混ぜて溶かす（y、z）。ストレーナーで漉してバットに移し（a'）、表面にラップを密着させ、冷蔵庫で冷ます。クレーム・パティシエールの完成。

6 ミキサーボウルに冷蔵庫から出したばかりのバター100gを入れ、ビーターを装着して高速で攪拌する。
　※空気を含ませて立てて軽くする。バターが冷えている方が空気を抱き込みやすい

7 白っぽく滑らかになったら、まだぬるい状態の5の1/3量を加え、滑らかになるまで攪拌する（b'、c'）。
　※加えるクリームの温度は約45℃。冷えているとバターが固まってしまいきれいに混ざらない。温度が高いとバターが溶ける

8 7に20℃程度まで冷やした5の1/2量を加え、高速で攪拌する（d'）。途中でミキサーを止めてボウルの内側をきれいにする。全体が白っぽくなり滑らかになったら、8℃程度まで冷やした残りの5を加え、中〜高速で攪拌する（e'）。
　※7でいったん液状に近くなるが、冷えたクレーム・パティシエールが入ることで締まる。冷やしながら立てていく製法

9 混ぜ終わりの状態（f'）。空気が含まれて、全体に白っぽくなっている。

10 生クリームを、角が立つくらいの十分立てまでしっかりと泡立てる（g'）。

11 10を9に加え、ゴムベラで混ぜて均一な状態にする（h'、i'）。

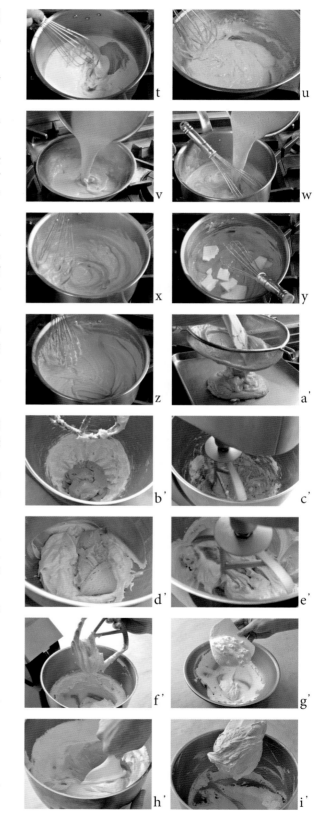

[組み立て]

**1** クレーム・ムスリーヌ・ピスターシュを口径15.5mmの丸口金をつけた絞り袋に入れ、コンポテ・フランボワーズをのせたタルト台の上にこんもりとドーム状に絞る（j'）。

**2** タルト台の下に三角パレットを差し込んで手で持ち、パレットナイフでクリームを山形に整える（k'、l'）。

**3** 紙を敷いたプラックに並べ、冷凍庫で中までしっかり冷やし固める。

[グラサージュ・ピスターシュ]

**1** ボウルに全ての材料を合わせ、湯煎または電子レンジにかけて溶かす（m'、n'）。

[仕上げ]

**1** [組み立て]の3を冷凍庫から出し、タルトリングの周囲をバーナーで温めてリングからはずす。

**2** グラサージュ・ピスターシュを40℃に調整する。1の上部に波刃のペティナイフを刺して持ち上げ、グラサージュ・ピスターシュに浸して引き上げ、側面にグラサージュをつける（o'、p'、q'）。

**3** 引き上げてボウルの縁で余分なグラサージュを落とし、バットに並べた台紙の上に置く。

**4** 縦2つにカットしたフランボワーズを上面に
**5** 切れのせる（r'）。中央にコンポテ・フランボワーズを絞り（s'）、フランボワーズの切り口にナパージュ・ヌートルを塗る。

# Partie
# 6

# Crème d'Amande
クレーム・ダマンド

*p142-145* 興野　燈 —— Bourdaloue　ブルダルー

*p146-150* 藤巻正夫 —— Tartelette aux Pommes　タルトレット・オ・ポム

*p152-155* 日髙宣博 —— Tarte aux Poires　タルト・オ・ポワール

*p156-159* 菅又亮輔 —— Barquette d'Orange　バルケット・ドランジュ

*p160-162* 中山洋平 —— Gâteau Muscovado　ガトー・ミュスコバド

バター、砂糖、卵、アーモンドプードルを合わせた、
バターとアーモンドの香り豊かなアーモンドクリーム。
火を入れることで完成するクリームで、
タルト生地に詰めて焼くという使い方が一般的だ。
フルーツを焼き込むタルトなどに使うと、
果汁を吸ってしっとりし、口に入れたときに味に深みが増す。
材料は4つ、すべて同量が基本だ。
ポマード状にしたバターと砂糖をすり混ぜ、ここに溶きほぐした卵を
数回に分けて加えながら、卵とバターを乳化させていく。
これが一般的な作り方だが、混ぜるうちにバターが空気を抱き込んで、
焼き上がりの食感がパサついたり味が薄くなることがある。
これを避けるため、最後にバターを混ぜる方法もある。

# Bourdaloue

ブルダルー

興野 燈

§

パート・シュクレの土台にクレーム・ダマンドを詰め、
洋ナシをのせて焼いたタルト。
誰にとっても馴染みのある菓子だろう。
だからこそ、本当においしいものを作りたいと考えている。
そのためには、クレーム・ダマンドの作り方が重要となる。
配合そのものは、卵、砂糖、アーモンドプードルの割合が同割で、ごく基本的。
必要以上に乳化はさせず、全部の材料をただ混ぜていくだけで仕上げることによって、
適度な空気が入り、焼き上がったときにふわっとやわらかい食感となる。
したがって、ミキサーで材料を混ぜているときに
多少分離気味になってきても、慌てることはない。
洋ナシは、酸味が強く味のしっかりとしたゼネラル・レクラークを生のまま焼き込む。
ダマンドの味わいと食感が最大限に表現される
焼き立てを、ぜひ味わって欲しい。

## 材料 （直径11cmのタルトリング6台分）

**[パート・シュクレ]**

| | |
|---|---|
| 無塩バター | 450g |
| 粉糖 | 300g |
| 全卵 | 150g |
| 薄力粉 | 750g |
| アーモンドプードル（スペイン産） | 100g |

※分量は作りやすい量

打ち粉 ―――― 適量

**[クレーム・ダマンド]**

| | |
|---|---|
| 発酵バター | 1250g |
| 粉糖 | 1250g |
| 全卵 | 1125g |
| プードル・ア・クレーム | 125g |
| アーモンドプードル（スペイン産） | 1250g |

| | |
|---|---|
| 洋ナシ（ゼネラル・レクラーク） | 3個 |
| ナパージュ・アブリコ（自家製） | 適量 |
| スライスアーモンド | 適量 |
| 粉糖 | 適量 |

## 作り方

**[パート・シュクレ]**

1 常温で戻したバターをミキサーの中速で回してポマード状にし、粉糖を加え混ぜる（a）。

2 粉糖が馴染んで見えなくなったら、溶きほぐした全卵を3回に分けて加え混ぜる（b）。
※入れた卵が混ざったら次、というように加える。

3 ときどきボウルの内側についた生地をヘラで落とす（c）。
※多少分離気味になっても、粉を入れるとつながってくる

4 卵が全部入ったら薄力粉を加え混ぜ（d）、まだ粉が見えている状態でアーモンドプードルを加え、粉が見えなくなるまで混ぜる（e）。

5 ラップで包み（f）、冷蔵庫で最低3時間休ませる。

6 パイシーターで3mm厚にのばし、直径14.5cmの円形に抜く（g）。
※ピケは必要ない

7 打ち粉をした台でタルトリングに敷く（h）。

8 シルパンを敷いた天板に並べ、型の大きさに合わせてカットし、周囲に切り込みを入れた紙をのせる（i）。
※紙をのせることで、側面の生地が内側に倒れてくることを防げる

9 160℃のオーブンで18〜20分空焼きする（j）。

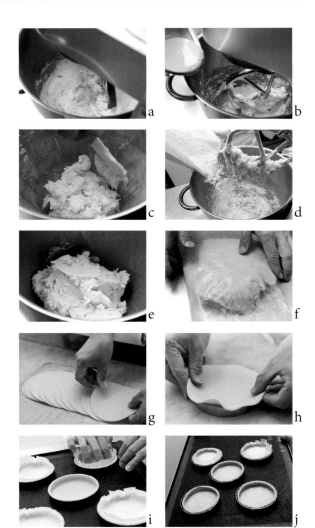

［クレーム・ダマンド］

**1** 常温で戻した発酵バターをミキサーの中速で回してポマード状にし、粉糖を2回に分けて加え混ぜる（k）。

**2** 粉糖が見えなくなって馴染んだら、溶きほぐした全卵を少しずつ加えながら（l）、混ぜる。

※最初はとくにダマになりやすいので、少しずつ慎重に入れる

※卵が入ると多少分離してくるが（m）、焼き上がったときにこれが食感として作用する

**3** バターのダマを残さないよう、ときどきボウルの内側についた生地をカードで落とす。

**4** 卵が入ってかなり分離してきたら、プードル・ア・クレームを一度に加える。

※香りづけとして加える

**5** 途中でアーモンドプードルの半量を加え（n）、混ぜる。ここからは全卵とアーモンドプードルを交互に加え混ぜ、馴染ませる（o、p）。

**6** カードでボウルの内側の生地を集め、全体が滑らかになるまで混ぜる（q、r）。

［組み立て］

**1** 洋ナシの皮をむいて縦半分にカットし、芯を除き、端から3mm幅に切る（s）。

**2** 空焼きしたパート・シュクレのふちを、ゼスターで削って平らにする（t）。

※焼く前に余分な生地をカットするより、この方法のほうが仕上がりがきれい

**3** 2を天板におき、丸口金をつけた絞り袋に入れたクレーム・ダマンド70gを絞り入れる（u）。

**4** ゴムベラで表面を平らにし、ふちに向かってクリームをせり上げる（v）。

※パート・シュクレが焼き上がって膨らみ、クリームからはがれるのを防ぐため

**5** 1の洋ナシをのせる（w）。

**6** 170℃のオーブンで15分焼成する（x）。

**7** 熱いうちにナパージュ・アブリコを刷毛で塗り（y）、空焼きしたスライスアーモンドを飾る。

**8** 粉糖をふる。

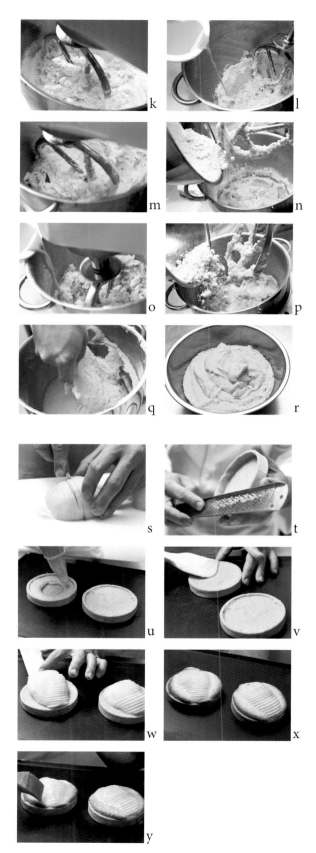

# Tartelette aux Pommes

タルトレット・オ・ポム
藤巻正夫

§

クレーム・ダマンド、パート・ブリゼ、リンゴ。
この3つの相性のよさは、誰しもが認めるところだろう。
全卵の一部を卵黄にし、サワークリームとラムを加えて
味に深みを出すのが、私のダマンド。
修業時代、フランス各地でクレーム・ダマンドを食べたが、
それぞれのおいしいとこ取り、で現在の配合にたどり着いた。
砂糖の半分を奄美諸島産サトウキビ100%の無精製糖にし、コクを出している。
これが、全粒粉を加えて三つ折りにし、
層にして焼き上げたざくざくと香ばしいパート・ブリゼと非常によく合う。
ダマンドは、材料を混ぜ合わせるときに、空気を含ませると味が薄くなる。
泡立てないように気をつけること。

## 材料 （直径7cmのタルトレット型10個分）

### ［パート・ブリゼ・コンプレ］

| | |
|---|---|
| 中力粉 | 270g |
| 全粒粉 | 100g |
| 発酵バター | 235g |
| 無精製糖 | 30g |
| 天然塩 | 6g |
| ミネラルウォーター | 105g |

※分量は作りやすい量

| | |
|---|---|
| 打ち粉 | 適量 |

### ［クレーム・ダマンド］

| | |
|---|---|
| 発酵バター | 270g |
| 粉糖 | 108g |
| 無精製糖 | 108g |
| サワークリーム | 27g |
| 脱脂粉乳 | 11g |
| 全卵 | 146g |
| 卵黄 | 27g |
| アーモンドプードル | 324g |
| ラム | 30g |
| 天然ヴァニラ原液 | 1.5g |

※分量は作りやすい量

### ［ポム・ソテー］

| | |
|---|---|
| リンゴ（紅玉） | 5個 |
| 発酵バター | 30g |
| グラニュー糖 | 50g |
| カルヴァドス | 50g |

| | |
|---|---|
| ドリュール | 適量 |
| アプリコットのコンフィチュール | 適量 |
| 粉糖 | 適量 |

## 作り方

### ［パート・ブリゼ・コンプレ］

1 ミキサーボウルに常温で柔らかくした発酵バターから塩まで材料を合わせ、ビーターを使い低速で混ざるまで攪拌する（a、b）。

2 全卵を一度に加えて攪拌し、均一に混ざったらふるった中力粉を一度に加え、滑らかになるまで低速で攪拌する（c、d）。

3 直径7cm×高さ2cmのタルトリングの内側にバター（分量外）を塗り、シルパンを敷いた天板に並べる。15.5mmの丸口金をつけた絞り袋に2を入れ、底に薄く絞る（e）。

4 セミドライ・アプリコットを5個ずつのせ、2をタルトリングの縁の少し上まで絞る（f）。L字パレットで表面を平らにならす。

5 粉糖を表面が白くなるまでたっぷりとふり（g）、縁についた粉糖を指でぬぐう。

6 160℃のコンベクションオーブンで焼成する。生地が持ち上がり、粉糖が半分ぐらい溶けたらオーブンから出し、2回目の粉糖をたっぷりふる（h）。オーブンに戻し、合計で約25

a

b

c

d

e

f

g

h

分焼成する。

**7** 熱いうちに三角パレットでタルトリングごと持ち上げ、軍手をした手の上で上下を返してリングをはずす（i、j）。天板に戻す。

そのまま冷まし、仕上げの粉糖をふる。

［クレーム・ダマンド］

**1** 常温で戻しておいた発酵バターをポマード状に練る（k）。

**2** 粉糖と無精製糖を一度に加えてすり混ぜる（l）。

※空気を含みすぎると味が薄くなるので、立てすぎないこと

**3** サワークリームと脱脂粉乳を加え混ぜる（m）。

**4** 全卵と卵黄を合わせて溶きほぐし、1/3 量を 3 に加えて混ぜる（n）。

**5** しっかり合わさったらアーモンドプードルの 1/2 量を加えて混ぜる（o）。同じ要領で卵の 1/3 量と残りのアーモンドパウダーを加える（p）。

**6** 最後の卵を加えるときにラムと天然ヴァニラ原液を一緒に入れる（q）。全体をムラのないように混ぜて完成（r、s）。

**7** 密閉容器に入れ、冷蔵庫で一晩おく。

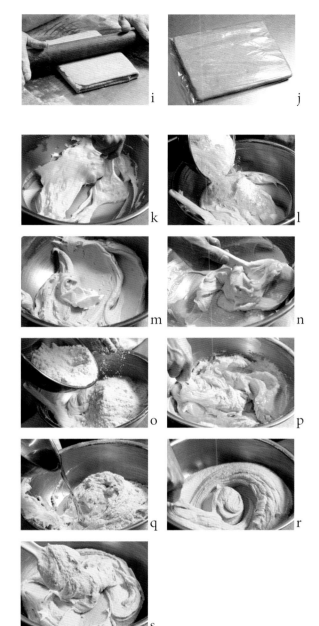

［ポム・ソテー］

**1** リンゴは皮をむいて芯をくり抜き、2つに切る（t）。

**2** 薄くスライスする（u）。

**3** タルト1個分に対してリンゴ約1/2個分を使用。型にのせる分だけ取り分け、型の大きさに合わせて端を切り落とす（v）。残ったリンゴはソテー用に刻む（w）。
　※ソテー用のリンゴはタルト1個につき25gが適量

**4** フライパンに発酵バターを溶かし、グラニュー糖を加え、溶かす（x）。

**5** ソテー用に刻んだリンゴを加え、炒める（y）。
　※最初は水分が出てくるが、だんだんと茶色く色づいてくる

**6** リンゴに焼き色がついてきたらカルヴァドスを注いでフランベする（z）。

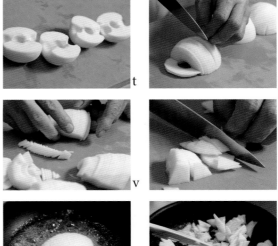

［組み立て］

**1** パート・ブリゼ・コンプレをパイシーターで2mm厚にのばし、ピケする。直径9cmの菊型で抜き、型に敷き込む（a'）。

**2** 丸口金をつけた絞り袋にクレーム・ダマンドを入れ、1に10g絞り入れる（b'）。

**3** ポム・ソテーを約25g入れ（c'）、上にもクレーム・ダマンド10gを絞り、スライスしたリンゴをのせる（d'、e'）、180℃のオーブンで30分焼成する。

**4** 8割程度焼けたところでドリュールを塗る（f'）。タルトのふちにも塗り（g'）、オーブンに戻し、卵が固まってしっかりと焼き色がつくまで火を通す。
　※ふちにも卵を塗ることで、シケ防止になる

**5** 冷めたらアプリコットのコンフィチュールを上面に塗り、粉糖をふる（h'）。

*Column*

# クリームづくりの注意点 その２

本文で紹介している各クリームを作る際の注意点をまとめて紹介。
クリームを作る上で、よくある疑問を取り上げ、解説していく。

## Q5

クリームづくりによく登場する乳化とは、
どのような作業をさすのか？

　菓子づくりでは、バターなどの油脂に、水分が多い卵を分離させないよう均一に混ぜ合わせることを乳化いう。クリーム状のバターに全卵を混ぜるクレーム・ダマンド、卵黄で作ったクレーム・アングレーズにバターを加えるクレーム・オ・ブールなどは、この作業が必要となる。油と水の関係であるバターと卵が均一に混ざるのは、卵黄にレシチンなどの乳化剤が含まれるから。乳化剤は、本来混ざり合わない水と油の仲立ちをして、両者を混ぜ合わせる働きをする。

　乳化剤の乳化性を発揮させるには、ベースとなるバターに卵を少しずつ加えながら混ぜることが重要だ。また卵に含まれる水分をより細かい粒状にして分散させるほど分離しにくくなるので、よく混ぜること。

## Q6

クレーム・オ・ブールの
ベースによる特性の違いとは？

　安定した気泡を含むムラング・イタリエンヌベースは保形性にすぐれ、軽い食感が特徴。常温でも溶けにくいため、デコレーションや絞り出しなどに向く。またパータ・ボンブベース（Q8 参照）は、コクがあって甘味の主張が強く感じられるため、味の濃い生地などに合う。クレーム・アングレーズベースは、牛乳が入る分水分が多く口溶けがよく、生地と馴染みやすいのが特徴。このアングレーズベースにムラング・イタリエンヌを加えたタイプは、コクと軽さに加えてボリュームが出るため、汎用性が高い。

## Q7

クレーム・ダマンドを作るとき、
アーモンドパウダーと卵を交互に加える理由は？

　Q5 で述べたように、クレーム・ダマンドは乳化の作業によって成り立つクリーム。バターと砂糖をすり混ぜ、卵を加えていくときに水分が多く入るため、分離させないように混ぜ合わせる必要がある。乳化をうまく行うためには、卵を数回に分けて加えること、よく混ぜること、卵の温度を常温にしておくことなどがあげられる。だが、クレーム・ダマンドの場合はバターに対して同量の卵が入るため、どうしても分離しやすい。そこで分離しかけたタイミングで、アーモンドプードルを加え、つなげる。完全に分離してしまうと、アーモンドプードルを加えたとしても適度なかたさは得られない。やわらかい仕上がりとなってしまう。

## Q8

パータ・ボンブとは？

　卵黄に煮詰めたシロップを加えて泡立てたもの。もともとはボンブ・グラッセという爆弾（bombe）に似た円錐形の型で作る氷菓のベースに使用していた。溶きほぐした卵黄に 118 〜 120℃に加熱したシロップを加え混ぜ、漉してからミキサーで泡立てる。卵黄は冷たい状態では立ちにくいが、熱いシロップを加えて温度を上げることで表面張力が弱まり、泡立つ。しっかりと泡立ったら粗熱がとれるまで低速で混ぜ続ける。煮詰めたシロップが冷めると粘性が出て、適度な粘りのある泡立ちになる。卵黄のコクが感じられる濃厚な味わいで、クレーム・オ・ブールのベースなどに使われる。

# Tarte aux Poires

タルト・オ・ポワール

日高宣博

§

果物を使ったタルトの中でも、定番中の定番。
パータ・フォンセの土台にクレーム・ダマンドを絞り、
洋ナシのコンポートをのせて焼き上げている。
華やかさはないが、滋味深くおいしい菓子だ。
ポマード状にしたバターに砂糖、
卵を加えていくのがクレーム・ダマンドの一般的な作り方だが、
私はあえて最後にバターを加える方法をとっている。
こうするとバターを混ぜる回数が少なくなり、空気が入りにくくなる。
空気を含ませるとしっとり感がなくパサついたクリームになるので、
それを防ぐためだ。また、一部にココアパウダーを混ぜて
タルトの底に絞り、上面にものせることで苦みをプラス。
味とデザインにも、おもしろみが加わる。

## 材料 （直径16cmのタルトリング2台分）

[パータ・フォンセ]

| | |
|---|---|
| 無塩バター | 150g |
| 卵黄 | 10g |
| 水 | 57g |
| 塩 | 1g |
| グラニュー糖 | 2g |
| 薄力粉 | 125g |
| 強力粉 | 125g |

打ち粉 ── 適量

[クレーム・ダマンド]

| | |
|---|---|
| アーモンドプードル | 1200g |
| 粉糖 | 800g |
| ヴァニラシュガー | 10g |
| 全卵 | 600g |
| 卵黄 | 100g |
| サワークリーム | 100g |
| 無塩バター | 1000g |

※分量は作りやすい量

ココアパウダー ── 6g

[洋ナシのコンポート]

| | |
|---|---|
| 水 | 1000g |
| グラニュー糖 | 400g |
| ヴァニラビーンズ（使い終わって乾燥させたもの） | 1本 |
| 洋ナシ（皮をむいたもの） | 4個 |
| 洋ナシのリキュール | 50g |

アプリコットのコンフィチュール
── 適量

| | |
|---|---|
| ナパージュ・ヌートル | 適量 |
| 粉糖 | 適量 |
| ピスタチオ | 適量 |

## 作り方

[パータ・フォンセ]

**1** 常温で戻したバターの1/4量程度をロボクープで撹拌し、ポマード状にする。

**2** 卵黄、水、塩、グラニュー糖を合わせて溶き、約1/4量を1に注ぎ（a）、撹拌する。

**3** 残りのバターと卵液を交互に3回に分けて加え（b）、そのつど撹拌して乳化させる。
※交互に加えることでバターの油分と卵液が乳化しやすくなる

**4** 薄力粉と強力粉を合わせてふるい、ボウルに入れておく。ここに3を一度に入れ（c）、粉の中にバターを切り混ぜていくような感じで、均一に散らしながらまとめていく（d）。
※粉が見えなくなったらOK（e）。まとめてラップで包み、冷蔵庫で休ませる

**5** 打ち粉をし、2mm厚にのばしてピケし、直径21cmの円形に抜き、タルトリングに入れる（f）。

**6** 角が浮いてこないようにしっかり押さえて型に敷き（g）、上からめん棒を転がして余分な生地を落とす（h）。

[クレーム・ダマンド]

1 アーモンドプードルと粉糖、ヴァニラシュ
　ガーをボウルに合わせ、溶きほぐした全卵と
　卵黄を加え混ぜる（i）。

2 サワークリームを加え混ぜ、馴染んだら常
　温でポマード状にしたバターを一度に加え
　（j）、混ぜる（k、l）。

3 120g を取り分けてココアパウダーを加え
　（m）、均一に混ぜ合わせる（n）。

[洋ナシのコンポート]

1 水にグラニュー糖、ヴァニラビーンズを加え
　て沸かし、洋ナシを入れ、弱火で火が通る
　まで煮る。洋ナシのリキュールを加える。
　※タルト・ポワール用には 2 つにカットして芯を除き、
　　スライスする（o）。

[組み立て]

1 ココア味のクレーム・ダマンド 60g を、丸口
　金をつけた絞り袋に入れ、パータ・フォンセ
　に外側から渦巻き状に絞る（p）。

2 その上にプレーンのクレーム・ダマンド
　170g を、同様に渦巻き状に絞る（q、r）。

3 表面を平らにならし、ココア味のクレーム・
　ダマンドを 3 カ所指で塗る（s）。

4 洋ナシのコンポートを、ココア味のクレーム・
　ダマンドを塗った場所を避けて放射状にの
　せる（t、u）。

5 上火 170℃、下火 210℃のオーブンで約 1
　時間 10 分焼成する。
　※パータ・フォンセにしっかり火を入れるために下
　　火を強くする

6 冷めたら焼きごてで焼き色をつける（v）。

7 アプリコットのコンフィチュールとナパー
　ジュ・ヌートルを合わせたものを塗り、粉糖
　をふり（w）、ピスタチオを飾る。

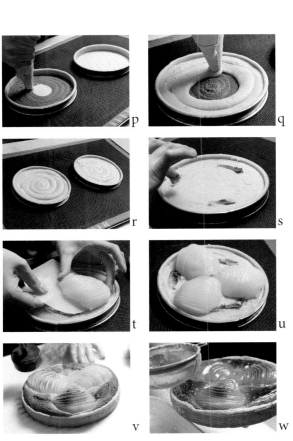

# Barquette d'Orange

バルケット・ドランジュ

菅又亮輔

§

バルケットとは、小舟形のタルトレットをさす。
フランスでは濃厚なマロンクリームをのせたバルケット・オ・マロンが代表的だ。
それを現代風に、さわやかにアレンジした。
香りと持ち味を生かすため、生の食感が残る程度に煮上げた
キンカンのコンポートと、チーズクリーム。
これらを長方形に近いタルト台にのせることで、バランスよく最後まで食べられる。
パート・シュクレの土台に入れて焼き上げているのが、クレーム・ダマンド。
作るときに空気を含ませると、しっとりとした食感が失われる。
そこでバターは最初に溶かしておき、そこへ他の材料を合わせていく方法をとっている。
アンビベしたアルコールやコンポート、
クリームからの汁気を吸ってしっとりしてくるので、
一般的な方法と焼き上がりにさほど違いは出ない。
作業性も非常によい。

## 材料 （長径11cmのバルケット型約8個分）

[パート・シュクレ]
| | |
|---|---|
| 発酵バター | 300g |
| 粉糖 | 190g |
| アーモンドプードル | 60g |
| ヴァニラプードル | 0.5g |
| 塩 | 2g |
| 全卵 | 120g |
| 強力粉 | 500g |

※分量は作りやすい量

| | |
|---|---|
| 打ち粉 | 適量 |

[キンカンのコンポート]
| | |
|---|---|
| キンカン | 150g |
| 水 | 300g |
| グラニュー糖 | 180g |

[クレーム・ダマンド]
| | |
|---|---|
| 発酵バター | 250g |
| 粉糖 | 250g |
| アーモンドプードル | 250g |
| コーンスターチ | 25g |
| 全卵 | 150g |

※分量は作りやすい量

[クレーム・フロマージュ]
| | |
|---|---|
| クリームチーズ | 110g |
| マスカルポーネチーズ | 50g |
| サワークリーム | 25g |
| グラニュー糖 | 30g |
| 生クリーム（45%） | 150g |

| | |
|---|---|
| トリプル・セック | 適量 |
| キンカン | 適量 |
| 粉糖 | 適量 |
| ナパージュ・ヌートル | 適量 |
| 金箔 | 適量 |

## 作り方

### [パート・シュクレ]

1 作り方はP.280参照。打ち粉をし、2mm厚にのばしてピケする。バルケット型を並べ、その上に生地をのせる（a）。

2 生地を軽く型に入れて必要な生地の大きさにあたりをつけ（b）、型の幅に合わせて包丁で切り離す。

3 上から別の型をのせて軽く押さえ、生地を下の型に密着させる（c）。めん棒を転がして余分な生地を除く（d）。

4 角に空気が入らないよう、指で押さえる（e、f）。

### [キンカンのコンポート]

1 キンカンはヘタの部分をカットして縦4つに切り、種を除く。

2 鍋に水とグラニュー糖を合わせて火にかけ、沸騰したら弱火にし、キンカンを入れる（g）。

3 全体に透明感が出るまで7、8分煮る。

4 ボウルに移し、表面にラップを密着させる（h）。

5 冷めたら冷蔵庫で一晩おいて味を含ませる。

## ［クレーム・ダマンド］

1 溶かした発酵バターをボウルに入れ、粉糖とアーモンドプードル、コーンスターチを加え（i）、混ぜる（j）。

2 バターが粉類を吸ってまとまったら、全卵を少しずつ加え（k）、混ぜる（l）。

## ［クレーム・フロマージュ］

1 2種類のチーズとサワークリームを滑らかになるまで混ぜ合わせ、グラニュー糖を加える。

2 生クリームを少しずつ加え（m）、ダマにならないように混ぜ合わせ、ミキサーで回して軽く立て、空気を含ませる（n）

## ［組み立て］

1 クレーム・ダマンドを丸口金をつけた絞り袋に入れ、パート・シュクレを敷いた型に絞る（o）。

2 170℃のオーブンで20分焼成する（p）。冷めたらトリプル・セックを刷毛で表面に塗る。
  ※シロップを塗ると甘味が強くなり、キンカンのコンポートの味とかち合うので、リキュールを直接塗る

3 キンカンのコンポートと、コンポートの半量程度の生のキンカンを刻む（q）。合わせて大さじ1を2の上にのせる（r）。
  ※生のキンカンのほろ苦さが味のアクセントになる

4 クレーム・フロマージュをのせ（s）、パレットナイフで山形に整える（t）。

5 粉糖をふり（u）、キンカンの輪切りを飾り（v）、切り口にナパージュ・ヌートルを塗る。

6 金箔を飾る。

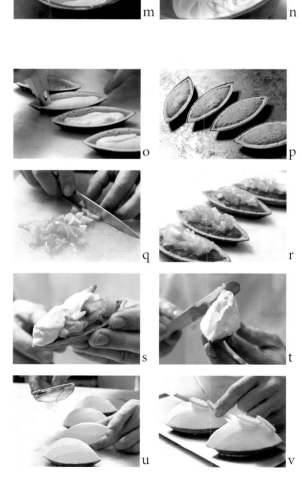

# Gâteau Muscovado

ガトー・ミュスコバド

中山洋平

§

ミュスコバドは、フランス語でフィリピンのマスコバド島を指す。
ここで生産される黒砂糖、マスコバド糖を使った菓子だ。
コクと風味に優れたこの砂糖の持ち味は、
焼きっぱなしの菓子にしてこそ生きると考え、
クレーム・ダマンドを焼き菓子に仕立てる方法を思いついた。
中に入れたセミドライのアプリコットが、味と食感のアクセント。
バターに材料を順に混ぜ合わせていくオーソドックスな製法だが、
空気を含ませすぎると、生地が上に上がり軽い食感になりすぎてしまう。
そのため、バターは材料を合わせやすいように常温で
しっかり柔らかくした上で、低速で攪拌するようにしている。
また焼成の際には、上面に粉糖を2回ふって膜を作る。
水分の蒸発を抑えてしっとりと焼き上げつつ、
ほのかな歯ごたえ生み出すためだ。

## 材料 （直径 7cm×高さ 2cm 18 個分）

| | |
|---|---|
| 発酵バター | 25g |
| アーモンドパウダー（皮付き） | 225g |
| マスコバド糖 | 130g |
| グラニュー糖 | 100g |
| 塩 | 5g |
| 全卵 | 225g |
| 中力粉 | 95g |
| セミドライ・アプリコット（1個を 10 等分にカットしたもの） | 適量 |
| | |
| 粉糖 | 適量 |

## 作り方

[パート・ミュスコバド]

1 ミキサーボウルに常温で柔らかくした発酵バターから塩まで材料を合わせ、ビーターを使い低速で混ざるまで攪拌する（a、b）。

2 全卵を一度に加えて攪拌し、均一に混ざったらふるった中力粉を一度に加え、滑らかになるまで低速で攪拌する（c、d）。

3 直径 7cm×高さ 2cm のタルトリングの内側にバター（分量外）を塗り、シルパンを敷いた天板に並べる。15.5mm の丸口金をつけた絞り袋に 2 を入れ、底に薄く絞る（e）。

4 セミドライ・アプリコットを 5 個ずつのせ、2 をタルトリングの縁の少し上まで絞る（f）。L字パレットで表面を平らにならす。

5 粉糖を表面が白くなるまでたっぷりとふり（g）、縁についた粉糖を指でぬぐう。

6 160℃のコンベクションオーブンで焼成する。生地が持ち上がり、粉糖が半分ぐらい溶けたらオーブンから出し、2 回目の粉糖をたっぷりふる（h）。オーブンに戻し、合計で約 25 分焼成する。

7 熱いうちに三角パレットでタルトリングごと持ち上げ、軍手をした手の上で上下を返してリングをはずす（i、j）。天板に戻す。

8 そのまま冷まし、仕上げの粉糖をふる。

*Column*

# クリームづくりの注意点 その3

本文で紹介している各クリームを作る際の注意点をまとめて紹介。
クリームを作る上で、よくある疑問を取り上げ、解説していく。

## Q9

### 卵白はなぜしっかり泡立つのか？

　卵白に含まれるタンパク質には、水の表面張力を弱くする働きがある。水を撹拌しても泡立たないが、石鹸水にすると泡立つ。これは石鹸が水の表面張力を弱めているからで、卵白のタンパク質にも同じ働きがある。そのため、撹拌によって空気を取り入れると徐々に泡立ってくるというわけだ。ただ、石鹸水の場合、泡を保持する力が弱いために、泡は時間が経つとすぐに消えてしまう。一方、卵白の泡は弾力性があり、形を作ることができるほどに安定している。これは卵白のタンパク質には、空気に触れると膜状に固まる性質が含まれているためである。その性質を利用し、かたいメレンゲを作ることができる。

## Q10

### 卵白にも泡立て過ぎの状態はある？

　Q9で触れたように、卵白は泡立てることにより含まれるタンパク質が空気に触れ、薄い膜を形成する。タンパク質の空気変成と呼ばれる作用だ。だが撹拌し過ぎてベストな状態を通り越すと、水分がにじみ出てきてほそぼそしてくる。これが卵白の泡立て過ぎの状態。離水した状態ともいう。泡立っている卵白において、タンパク質の膜が占める割合は10%程度。残りは水分だ。泡立てて気泡が大きくなってくると、このタンパク質の膜が水分を保持しきれなくなって離水する。

　離水するともとのきれいな状態には戻らない。だが、ほそつき始めたときに、ある程度の量の砂糖を加えると砂糖が水分を吸うため、止めることは可能である。

## Q11

### ガナッシュを作るとき、高脂肪の生クリームを使うと分離しやすいのはなぜ？

　ガナッシュは、最終的に生クリームが含んでいる水分をベースとし、その中にチョコレートに含まれるカカオバターと乳脂肪を分散させる水中油滴型の乳化の構造をとる。その際、ベースとなる水分が充分ではないとカカオバターなどの脂肪分が分散するスペースが足りなくなって、分離しやすくなる。高脂肪の生クリームは脂肪球が多く、水分が少ない。そのため、分離の原因を引き起こすのである。反対に低脂肪のものは脂肪球が少ない分、水分量は多くなるため、ガナッシュを作るときに使うことが多くなる。

## Q12

### チョコレートを溶かすとき、直火にかけてはいけないのはなぜ？

　チョコレートは、油脂であるカカオバターの中に、おもにカカオマス、砂糖、粉乳などの固形微粒子と微量の水分が混ざり合った状態にある。そして溶かした場合でも、これらの成分が流動性を帯びたカカオバターの中に固形のまま混ざっている必要がある。溶けたチョコレートは非常に粘度が高い。鍋にかけて溶かそうとすると、熱対流が起こらないため、局部的に温度が上がり焦げてしまう。そして最初に述べた構造が壊れ、分離するのだ。したがって、湯煎にかけてゆっくり溶かすのがベスト。電子レンジでも、ワット数や時間をきちんと調整できるのであれば、よい状態で溶かすことは可能である。

# Partie

# 7

# Crème Frangipane
クレーム・フランジパーヌ

*p166-169* 興野　燈 —— Galette des Rois　ガレット・デ・ロワ

*p170-173* 藤巻正夫 —— Tartelette aux Fraises　タルトレット・オ・フレーズ

*p174-177* 日髙宣博 —— Tarte Mont-Blanc　タルト・モンブラン

*p178-181* 菅又亮輔 —— Tarte Alsacienne　タルト・アルザシエンヌ

*p182-185* 中山洋平 —— Tartelette Mûre　タルトレット・ミュール

パティシエールを炊き、そこに砕いたマカロンと
バターを加えて混ぜたものもクレーム・フランジパーヌと呼ぶことがある。
だが通常は、クレーム・ダマンドと
クレーム・パティシエールを合わせたクリームをさす。
アーモンドの香りをベースに皮革製品用の香料を作った、
イタリアの調香師フランジパーヌの名に由来するといわれる。
クレーム・ダマンド同様、タルト生地に詰めて焼き、
土台として使用するのに適している。
ダマンドのみの場合と異なり、パティシエールの卵黄のコクが加わるため、
しっとりとやわらかく焼き上がるのが特徴。
パティシエールとフレッシュフルーツを盛り合わせたタルトなどに向いている。
ダマンドに対し、パティシエールの割合が 1/2 から同量が一般的だが、
作る菓子の個性に合わせて調整する。

# Galette des Rois

ガレット・デ・ロワ

興野 燈

§

毎年、クリスマス明けから1月末まで店頭に並べている。
フイユタージュの間に、クレーム・ダマンドを挟んで焼くのが定番だが、
店ではクレーム・フランジパーヌを使用。
ダマンドは、焼きたてはふわっとしていてやわらかな食感だが、
冷めるとかたくなり、生地のような印象になる。
フランジパーヌは、クレーム・パティシエールの水分が入り、
卵のコクが増すことでしっとりとしてくるため、
焼き立てよりはむしろ時間をおいたほうが味が馴染み、
クリームという印象は強くなる。
タルトの土台として使われることの多いフランジパーヌを
主役として味わえる菓子はそうないだろう。
配合のポイントは、感じるか感じないか程度のラムを隠し味として加えていること。
クリームに潜んでいるヴァニラなどの香りを引き出し、
旨味を後押ししてくれる存在でもある。

## 材料（直径18cm約3台分）

[フイユタージュ・アンヴェルセ]

無塩バター ———————— 500g

強力粉 —————————— 200g

デトランプ

　無塩バター ——————— 150g

　強力粉 ————————— 250g

　薄力粉 ————————— 217g

　塩（ゲランド）—————— 14g

　白ワインヴィネガー ——— 3.5g

　冷水 —————————— 200g

　※分量は作りやすい量

[クレーム・フランジパーヌ]

クレーム・ダマンド

　発酵バター ——————— 150g

　プードル・ア・クレーム — 15g

　粉糖 —————————— 150g

　全卵 —————————— 135g

　アーモンドプードル ——— 150g

　※作り方は P.145 参照

クレーム・パティシエール — 300g

　→ P.44 参照

ラム —————————— 16g

水 ——————————————— 適量

全卵 —————————————— 適量

卵黄 —————————————— 適量

シロップ（30°B）—————— 適量

打ち粉 ———————————— 適量

## 作り方

[フイユタージュ・アンヴェルセ]

**1** 常温で戻したバターをミキサーで回してやわらかくし、強力粉を加えて混ぜる（a）。

**2** 混ざったら OPP シートに包んで四角く成形し、冷蔵庫で冷やし固める（b）。

**3** デトランプを作る。常温で戻したバター、強力粉、薄力粉、塩をボウルに合わせて回し、馴染んだら白ワインヴィネガーと冷水を合わせて注ぎ、混ぜる（c）。

**4** まとまったらミキサーから外し、打ち粉をした作業台の上で手で丸める。十字に切り込みを入れて四角く広げ、ラップに包んで冷蔵庫で一晩休ませる（d）。

**5** 2 をパイシーターでデトランプが包めるぐらいの大きさにのばし、その上に四角くのばしたデトランプをおく（e）。

**6** 両側の生地を折りたたんで中心で合わせ、継ぎ目を押さえて合わせる（f）。

**7** デトランプがはみ出さないよう、側面もしっかり押さえて包む（g、h）。

**8** パイシーターで生地をのばす（i）。

**9** 三つ折りにし（j）、冷蔵庫で 30 分休ませた生地を 90°回転させてパイシーターでのばす。再度三つ折りをし、90°回転させてのばし、三つ折りにして 30 分休ませる。

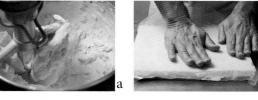

**10** 8、9 の作業を 3 回繰り返し、そのあと二つ折りを 1 回行う。

**11** パイシーターで 10 を 3.5mm 厚にのばし（k）、直径 20cm の円形に 1 台につき 2 枚の生地を切り抜く（l）。
　※パイの層がつぶれないようにカッターナイフを使う

**12** 生地をのばした方向がわかるように、全ての生地に指で同じ位置に印をつける（m、n）。
　※使うまで冷蔵庫に入れる

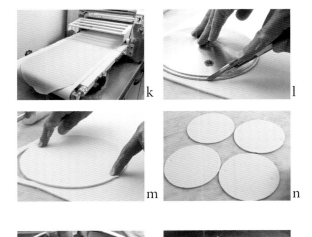

［クレーム・フランジパーヌ］

**1** クレーム・ダマンドとクレーム・パティシエールをボウルに合わせ、ラムを加え（o）、混ぜ合わせる（p）。

［組み立て］

**1** 12mm の丸口金をつけた絞り袋にクレーム・フランジパーヌを入れ、生地の中央に 260g 絞り、フェーヴを上下逆に埋める（q）。

**2** クリームの周囲に水を薄く塗り、もう 1 枚のフイユタージュを、指でつけた印の位置を 45°ずらしてかぶせる（r）。
　※生地はのばした方向に縮むので、ずらして重ねることで縮む力が分散され、きれいな円形に焼き上がりやすくなる

**3** クリームの周囲を指で押さえて密着させ、（s）、冷凍庫で 15 分冷やして生地を固める。

**4** 直径 19cm の円形に、余分な生地をカットする（t）。

**5** 上下を逆にしておき、表面に全卵を塗り、冷蔵庫で 20 分程度おいて乾かしたら卵黄を塗り（u）、再び 15 分程冷やして乾かす。

**6** 回転台にのせ、ペティナイフで木の葉の模様を入れる（v、w）

**7** 側面を間隔をあけてナイフの背で押さえる（x）。数カ所穴をあけ（y）、天板にのせる。

**8** 170℃のオーブンで焼成する。30 分焼いたら高さ 3cm のセルクルを天板の四隅におき、上にグリルをのせて表面が浮かないようにし、さらに 15 分焼く。グリルをはずして 15 分焼き、焼けたらすぐにシロップを塗って完成（z）。

# Tartelette aux Fraises

タルトレット・オ・フレーズ

藤巻正夫

§

イチゴのタルトといえば、クレーム・ダマンドの土台に
クレーム・パティシエールが最も一般的。
それを、ダマンドをクレーム・フランジパーヌにし、
パティシエール、さらにイチゴと相性のよいピスタチオ風味の
クレーム・ムスリーヌを加え、見た目華やかで高級感のある菓子に仕上げた。
ダマンドだけの土台に比べ、パティシエールの水分が入り
しっとりとしたフランジパーヌは、その食感も特徴となる。
店の基本はダマンドとパティシエールの比率が3：1。
これは軽めの配合だが、P.80のモンブラン・ドゥ・フェルムでは同割りにし、
どっしりとした菓子に合わせた配合にしている。
2種の基本クリームを混ぜ合わせただけのシンプルなクリーム。
使う菓子に合わせて配合を変えることで、さまざまなニュアンスが出せる。

## 材料 （直径7cmのタルトレット型13個分）

[パート・シュクレ]

中力粉 ──────── 1000g
粉糖 ──────── 375g
アーモンドプードル ──── 125g
発酵バター ──────── 600g
全卵 ──────── 200g
※分量は作りやすい量

打ち粉 ──────── 適量

[クレーム・フランジパーヌ]

クレーム・ダマンド──── 300g
　→ p.149 参照
クレーム・パティシエール ──── 100g
　→ p.49 参照

[クレーム・ムスリーヌ・ピスターシュ]

クレーム・パティシエール ──── 350g
　→ P.49 参照
パート・ドゥ・ピスターシュ（自家製）
──────── 80g
クレーム・オ・ブール──── 400g
　→ P.72 参照（インスタントコーヒー、
　コーヒー・エキストラ、ラムの工程は除く）
キルシュ ──────── 20g

ドリュール ──────── 適量
クレーム・パティシエール ──── 適量
　→ P.49 参照
イチゴ ──────── 65個
ナパージュ・ヌートル ──── 適量
ピスタチオ（刻んだもの）──── 適量
粉糖 ──────── 適量

## 作り方

[パート・シュクレ]

1 作り方はP.96を参照。ラップをして冷蔵庫で一晩休ませる(a)。

2 打ち粉をふってパイシーターで2mm厚にのばす。ピケし、直径9cmの菊型で抜く(b)。

3 タルトレット型に敷き込み、使うまで冷蔵庫で休ませる(c、d)。

a

b

c

d

[クレーム・フランジパーヌ]

1 クレーム・ダマンドとクレーム・パティシエールは、仕込んでから一晩休ませたものを使用する（e）。クレーム・ダマンドを常温で戻しておき、クレーム・パティシエールを加え(f)、均一に混ぜる(g)。

e

f

g

[クレーム・ムスリーヌ・ピスター
シュ]

1 クレーム・パティシエールを常温でやわらか
く戻し、パート・ドゥ・ピスターシュを加え
て混ぜる(h)。

2 色が均一になったら、ポマード状にしたク
レーム・オ・ブールを加え混ぜる(i)。

3 キルシュを加える(j)。

※パート・ドゥ・ピスターシュは自家製なので若干ピ
スタチオの粒が残るが、味のアクセントになる

[組み立て]

1 12mmの丸口金をつけた絞り袋にクレーム・フ
ランジパーヌを入れ、パート・シュクレを敷
いた型に30gを絞り入れる(k)。

2 180℃のオーブンで25～30分焼成する。9
割火が通ったら、タルトのふちにドリュール
を塗り(l)、オーブンに戻して卵に火が通る
までしっかりと焼く(m)。

※パート・シュクレはやわらかい生地のため、割れ
やすい。それを防ぐためにドリュールを塗る

3 2が冷めたら、丸口金をつけた絞り袋でク
レーム・パティシエールを中央に絞り、周囲
と中央にヘタを取ったイチゴを5個のせる
(n)。

4 イチゴにナパージュ・ヌートルを塗る(o)。

5 葉形口金をつけた絞り袋にクレーム・ムス
リーヌ・ピスターシュを入れ、イチゴの間に
下から上に向かって絞る(p)。

6 ピスタチオをのせ(q)、粉糖をふる。

# Tarte Mont-Blanc

タルト・モンブラン
日髙宣博

§

土台はパート・シュクレとクレーム・フランジパーヌ。
その上にクレーム・シャンティイ、
栗のペーストとバターで作ったクレーム・モンブランを絞っている。
説明不要の人気の菓子だが、モンブランのクリームを
バラ口金で絞ることで、オリジナル性を出している。
クレーム・フランジパーヌは、クレーム・ダマンドに
パティシエールが入る分、コクが出てしっとりとクリーミーな味わいになる。
タルトの土台としては最適だ。合わせるときには、
まずパティシエールにダマンドの一部を混ぜてからダマンドに戻すこと。
その際、パティシエールは常温でよく混ぜてコシを抜き、
滑らかな状態にしたうえで、同じく常温のダマンドと合わせる。
ダマンドをつぶすような感じで混ぜ、
ダマが残らないようにしたい。

## 材料 （直径6.5cmのタルトリング約25個分）

[パート・シュクレ]

| | |
|---|---|
| 無塩バター | 1000g |
| 粉糖 | 640g |
| 全卵 | 320g |
| アーモンドプードル | 235g |
| 薄力粉 | 1670g |
| ベーキングパウダー | 7g |

※分量は作りやすい量

| | |
|---|---|
| 打ち粉 | 適量 |

[クレーム・フランジパーヌ]

| | |
|---|---|
| クレーム・パティシエール | 100g |
| →P.53 参照 | |
| クレーム・ダマンド | 400g |
| →P.155 参照 | |

（ココアパウダーの工程は除く）

[クレーム・モンブラン]

| | |
|---|---|
| パート・ドゥ・マロン | 400g |
| ラム | 50g |
| クレーム・ドゥ・マロン | 200g |
| 無塩バター | 400g |
| | |
| クレーム・シャンティイ | 約700g |
| →P.53 参照 | |
| 栗の渋皮煮 | 約25個 |
| ナパージュ・ヌートル | 適量 |
| 粉糖 | 適量 |
| 金箔 | 適量 |

## 作り方

[パート・シュクレ]

**1** バターを常温で戻してポマード状にし、粉糖を一度に加え合わせる（a）。

※ホイッパーで混ぜると空気が入りやすいので、ゴムベラで押さえるようにしながら馴染ませる

**2** まとまったら全卵を5、6回に分けて加え、混ぜ合わせる（b、c）。

**3** アーモンドプードルを加え混ぜる（d）。

**4** 馴染んだら、合わせてふるった薄力粉とベーキングパウダーを加える。カードに持ち替え、粉の中にバターを散らすようにしながら（e）、まとめる（f）。

**5** ラップに包み、冷蔵庫で一晩休ませる。

**6** 作業台に打ち粉をふり、めん棒で2mm厚にのばす（g）。

**7** ピケし、直径9cm程度の円形に抜き（h）、タルトリングに敷き込む。

**8** 型からはみ出た余分な生地を取り除く（i）。

**9** シルパンを敷いた天板にのせる（j）。

a

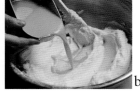
b

c

d

e

f

g

h

i

j

[クレーム・フランジパーヌ]

1　クレーム・パティシエールとクレーム・ダマンドはともに常温で戻し、滑らかな状態にしておく(k)。

2　クレーム・パティシエールに、同量程度のクレーム・ダマンドを加えてよく混ぜる。

3　2をクレーム・ダマンドのボウルに戻し（l）、混ぜ合わせる(m、n)。

k

l
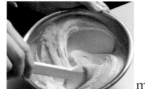
m

n

[クレーム・モンブラン]

1　パート・ドゥ・マロンは手で混ぜてやわらかくし、ラムを加える(o)。
※ダマが残らないようにしっかり混ぜる

2　クレーム・ドゥ・マロンを加え混ぜ（p）、常温で戻してポマード状にしたバターの1/3量を加え混ぜる。

3　馴染んだら残りを加えて（q）合わせる(r)。

o

p

q

r

[組み立て]

1　クレーム・フランジパーヌを12mmの丸口金をつけた絞り袋に入れ、パート・シュクレに30gを絞り入れる(s)。

2　180℃のオーブンで約35分焼成する。

3　冷めたら、クレーム・モンブランを12mmの丸口金をつけた絞り袋に入れて上に絞り(t)、栗の渋皮煮をのせる(u)。

4　しっかり立てたクレーム・シャンティを、11mmの丸口金をつけた絞り袋に入れ、約25gを螺旋状にこんもりと絞る(v)。

5　クレーム・モンブラン約40gを、バラ口金をつけた絞り袋に入れ、タルトのすぐ上の部分に一周絞ってから（w）、口金の向きを変えて螺旋状に絞る。

6　粉糖をふり（x）、上にクレーム・シャンティを絞る(y)。

7　ナパージュ・ヌートルを塗った栗の渋皮煮をのせ、金箔をふる(z)。

s

t

u

v

w

x

y

z

# Tarte Alsacienne

タルト・アルザシエンヌ
菅又亮輔

§

アルザス菓子によく使われるスパイスとドライフルーツで、
この地方らしいタルトを作りたいと発想。
クリスマスシーズンには欠かせないヴァン・ショーで全体をまとめた。
ヴァン・ショーで煮たドライフルーツをのせて焼き上げ、
さらにヴァン・ショーのナパージュをたっぷりと塗る。
口に入れると、ヴァン・ショーのゼリーを食べているかのような感覚が
最初にくるのが、この菓子の特徴だ。
タルトの土台には、クレーム・フランジパーヌを使用。
水分の多いしっとりしたクリームなので、
やわらかく煮たフルーツと合わせると一体感が生まれる。
ダマができないよう、最初にパティシエールと
ダマンドの一部を混ぜてかたさを調節してから全体と合わせること。
ダマンドには隠し味程度にパンデピス用スパイスを入れている。

# Tartelette Mûre

タルトレット・ミュール
中山洋平

§

フルーツを使ったタルトは、何種類か店に並べている。
これは、日本でクワの実と呼ばれるミュールを使ったタルト。
このフルーツの、どこか素朴で独特の味わいが気に入っている。
ミュールは、タルト台とコンフィチュールに組み入れて、
火を入れたときの凝縮感と、フレッシュのプチプチとした食感、
弾け出る果汁のみずみずしさが味わえるように構成している。
クレーム・フランジパーヌは、タルト台に使用。
口あたりを軽くするため、冷蔵庫から出したての冷たいバターを使用し、
しっかりと攪拌し、白っぽくなるまで空気を含ませることが重要だ。
アーモンドパウダーは、皮なしだと油脂分が少し重たく感じられるため、
皮付きを使用し、その香ばしさで軽快な印象が得られるようにしている。

## 材料 <small>（直径 7cm×高さ 6cm約 10 個分）</small>

[クーリ・ミュール]
| | |
|---|---|
| ミュール・ピューレ | 500g |
| グラニュー糖 | 130g |
| コーンスターチ | 40g |

[コンフィチュール・ミュール]
| | |
|---|---|
| ミュール（冷凍・ホール） | 100g |
| ナパージュ・ヌートル | 100g |
| グラニュー糖 | 100g |

[クレーム・パティシエール]
| | |
|---|---|
| 牛乳 | 500g |
| ヴァニラビーンズ | 1/4 本 |
| 卵黄（加糖 20%） | 95g |
| グラニュー糖 | 75g |
| 薄力粉 | 40g |

※分量は作りやすい量

[クレーム・フランジパーヌ]
| | |
|---|---|
| 発酵バター | 90g |
| グラニュー糖 | 90g |
| アーモンドパウダー（皮付き） | 90g |
| 全卵 | 90g |
| クレーム・パティシエール | 40g |
| 薄力粉 | 10g |

ミュール（冷凍・ホール）　20〜30個

[クレーム・シャンティイ・ミュール]
| | |
|---|---|
| クレーム・シャンティイ（加糖 8%） | 120g |
| ミュール・ピューレ | 80g |

| | |
|---|---|
| パート・シュクレ | 適量 |

→ P.136 参照個

| | |
|---|---|
| クレーム・シャンティイ（加糖 8%） | 適量 |
| ミュール | 適量 |
| ナパージュ・ヌートル | 適量 |

## 作り方

[クーリ・ミュール]

1 鍋にミュール・ピューレと、よく混ぜ合わせたグラニュー糖とコーンスターチを加え、泡立て器で混ぜながら強火にかける（a）。

※コンスターチはダマになりやすいので、あらかじめグラニュー糖と混ぜ合わせる。またピューレに加えたらすぐに泡立て器で混ぜてほぐす。混ぜないで火にかけるとダマになる

2 沸騰したらゴムベラに持ち替え、底をこそげるようにしながら手早く混ぜる。ボコボコと粘度のある大きな泡が立ってとろみがつき、ツヤが出たら火を止める（b）。

3 1 個のサイズが直径 3.5cm×高さ 1.2cmのポンポネット型のフレキシパンに流し、L 字パレットで広げる（c）。急速冷却する（d）。

a

b

c

d

[コンフィチュール・ミュール]

1 鍋に全ての材料を合わせ、ゴムベラで果肉を潰しながら強火にかける。

2 沸騰したら手早く混ぜる。大きな泡が立ち粘り気が出たら（e）、バットなどに少量を取る。流れない濃度になっていたら火を止め、ボウルに移し、氷水にあてて冷やす（f）。

e

f

[クレーム・フランジパーヌ]

1　P.61を参照してクレーム・パティシエールを作る。牛乳のみ使い、全卵は卵黄に、コーンスターチは薄力粉に。急速冷却する。

2　冷えた発酵バターとグラニュー糖、アーモンドパウダーをミキサーのビーターで中〜高速で攪拌する（g）。混ざったら全卵を加えて攪拌し、馴染んだらクレーム・パティシエールを加え混ぜる（h、i）。薄力粉を加え混ぜ、空気を含み白っぽくなったら完成（j）。

[焼成]

1　P.136を参照してパート・シュクレを作り、成形して直径7cm×高さ2cmのタルトリングの中央に置く（k）。

2　クレーム・フランジパーヌを13.5mmの丸口金をつけた絞り袋で40gずつ絞る（l）。

3　ミュールを凍ったまま2〜3個ずつのせる（m）。160℃のコンベクションオーブンで約18分焼成する（n）。途中でタルトリングをはずして側面にも焼き色をつける。

4　3が冷めたら表面にコンフィチュール・ミュールをL字パレットで薄く塗る（o）。
※クーリ・ミュールを接着するため

5　クーリ・ミュールを型からはずし、底になっていたほうを上にしてのせる（p）。

6　クレーム・パティシエールに重量の10%のクレーム・シャンティイを加えたクリームを作る。13.5mmの丸口金をつけた絞り袋に入れ、5の上に8gずつ絞る（q）。周囲に縦2つに切ったミュールをのせる（r）。

[クレーム・シャンティイ・ミュール]

1　クレーム・シャンティイを九分立てにし、ミュール・ピューレを加える（s）。さらに泡立てて、絞れるかたさの十分立てにする（t）。
※ピューレが入っているため、角がピンと立つ状態までしっかり立てないとダレる

2　13.5mm 6切の星口金をつけた絞り袋にクレーム・シャンティイ・ミュールを入れ、[焼成]の6の上にロザス形に絞る（u）。ミュールをのせ、ナパージュ・ヌートルを絞る（v）。

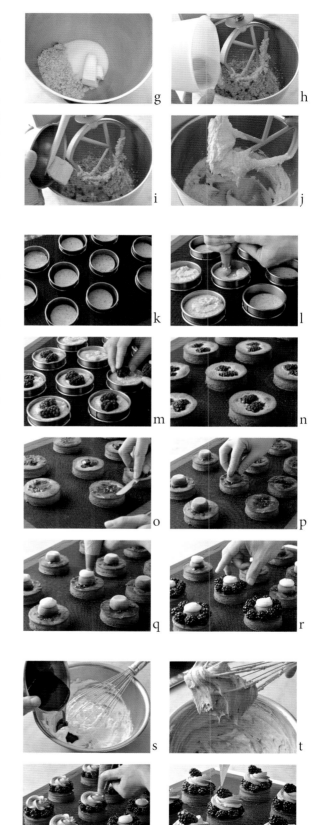

# Partie

# 8

## Crème Anglaise
クレーム・アングレーズ

*p188-191* 興野　燈 ── Blanc-Manger Tonka　ブランマンジェ・トンカ

*p192-197* 藤巻正夫 ── Marrer　マレ

*p198-203* 日髙宣博 ── Charlotte aux Poires　シャルロット・オ・ポワール

*p204-207* 菅又亮輔 ── Coupe Pistache Framboise　クープ・ピスターシュ・フランボワーズ

*p208-211* 中山洋平 ── Riz au Lait d'Automne リ・オ・レ・ドードンヌ

牛乳、卵黄、砂糖を加熱して作るクリーム。

アングレーズソースとも呼ばれる。

皿盛りのデザートにソースとしてかけるほか、クレーム・オ・ブールやムース、

ババロワ、アイスクリームのベースとして使用する。

卵黄と砂糖をすり混ぜたところへ牛乳を注いで火にかけ、濃度をつける。

工程はクレーム・パティシエールと変わらないが、

粉が入らず、卵黄が熱によって固まる力を利用してとろみをつけるため、

強火で加熱しすぎると卵黄が先に固まり分離してしまう。

そのため、中火で絶えず混ぜながら、沸騰させずにゆっくりと

80 〜 85℃まで加熱していく。

木ベラですくったときに指で筋がひける程度（ナップ状）が適当な煮詰め加減

といわれるが、温度計で見極めるほうが確実だ。

# Blanc-Manger Tonka

ブランマンジェ・トンカ

興野 燈

§

複雑で独特の香りをもつ香辛料、トンカ豆。
その持ち味を生かした菓子はできないかと考え
ブランマンジェにすることを思いついた。
もとはデザートとして作っていたものを、テイクアウト用にアレンジしている。
持ち帰るにはギリギリのやわらかさではあるが、ゼラチンで固めているため、
食べたあとに、わずかに口の中の水分が奪われ、乾くような感覚を覚える。
そこにソースとしてクレーム・アングレーズが加わることで
水分が補われるという仕組みだ。
ブランマンジェの味にも卵の旨味が加わり、厚みが増す。
アングレーズなしでは完成しない菓子である。
このようなクリームの使い方ができるのも、
ヴェリーヌ（グラスデザート）ならではの特権だ。

## 材料 (6個分)

[ブランマンジェ・トンカ]
牛乳 ──────── 250g
グラニュー糖 ──── 100g
トンカ豆 ─────── 1粒
ヴァニラビーンズ (タヒチ産) ・1/6本
板ゼラチン ────── 6g
生クリーム (38%) ── 250g

[コンポート・ドゥ・スリーズ]
グリオットチェリー・ピューレ
──────────── 300g
サワーチェリー (種を抜いたもの)
──────────── 300g
グラニュー糖 ──── 150g
キルシュ ─────── 40g

[クレーム・アングレーズ・
ピスターシュ]
卵黄 ──────── 120g
グラニュー糖 ──── 180g
牛乳 ──────── 375g
生クリーム (38%) ── 375g
板ゼラチン ────── 3g
パート・ドゥ・ピスターシュ 30g
色粉 (青・黄) ──── 適量

[シャンティイ・ピスターシュ]
生クリーム (47%) ── 150g
生クリーム (35%) ── 150g
グラニュー糖 ──── 21g
パート・ドゥ・ピスターシュ 11g

クランブル (自家製) ── 適量
粉糖 ──────── 適量
金箔 ──────── 適量

## 作り方

[ブランマンジェ・トンカ]

1 鍋に牛乳とグラニュー糖を合わせ、トンカ豆をすりおろして加える(a)。

2 ヴァニラビーンズを加え、火にかける。沸騰したら火からおろし、10分ほどおいて抽出する(b)。
  ※個性の強いトンカ豆の風味を、ヴァニラが受け皿となってやわらげる

3 軽く温めなおし、水でふやかした板ゼラチンを加え(c)、溶かす(d)。

4 ボウルに漉し入れる(e)。
  ※すりおろしたトンカ豆が入らないように、目の細かい漉し網を使用

5 冷たい生クリームを加え混ぜる(f)。

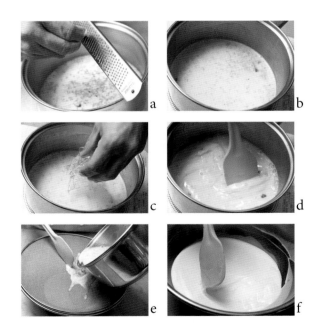

[コンポート・ドゥ・スリーズ]

1 グリオットチェリー・ピューレを沸騰直前まで温め、サワーチェリーとグラニュー糖を合わせたところへ加える。キルシュを加え、冷蔵庫で一晩おく。

[クレーム・アングレーズ・
　ピスターシュ]

1 卵黄とグラニュー糖をすりまぜる(g)。
　※グラニュー糖が溶けて混ざればOK

2 牛乳と生クリームを合わせたものを注ぎ(h)、
　溶き混ぜる。

3 鍋に移して中火にかける (i)。絶えず鍋底か
　ら混ぜながら82℃まで加熱し、とろみをつ
　ける(j)。

4 火からおろし、水でふやかした板ゼラチン
　を加え(k)、溶かす。

5 パート・ドゥ・ピスターシュを加え(l)、色粉
　を加え混ぜる(m)。

6 シノワで漉し、氷水にあてながら粗熱がと
　れるまで冷やす(n)。

[シャンティイ・ピスターシュ]

1 2種類の生クリームとグラニュー糖を合わせ
　て六分立てにし、一部をパート・ドゥ・ピス
　ターシュに加え、のばす (o)。生クリームに
　戻し、絞れるかたさに立てる(p)。

[組み立て]

1 直径5.5cm×高さ8cmの器に、ブランマン
　ジェ・トンカを90g入れ(q)、冷蔵庫で冷や
　し固める。

2 1の上にクレーム・アングレーズ・ピスター
　シュ15gを流す(r)。

3 11mmの星口金をつけた絞り袋にシャンティ
　イ・ピスターシュを入れ、器のふちまで絞り
　入れる(s、t)。

4 クランブルに粉糖をまぶす(u)。

5 4とコンポート・ドゥ・スリーズを1個につき
　3つずつのせ、金箔を飾る(v)。

# Marrer

マレ

藤巻正夫

§

ショコラ・ブランを主体に白く仕上げた、ドーム形の生菓子。
ショコラ・ブランのムースの中心には、ゼラチンで固めた
紅茶風味のクレーム・アングレーズを入れている。
メレンゲやクレーム・フエテを合わせずアングレーズをそのまま固め、
シンプルなおいしさを味わえるようにした。
砂糖はオーガニックの粗糖を使い、味に深みを出している。
材料は牛乳、卵、砂糖のみと非常にシンプルなアングレーズは、
火入れの仕方により仕上がりが大きく左右される。
3つの材料に同時に火が入るよう、中火でゆっくりと加熱していくことがポイントだ。
それにより、三位一体となったおいしさが引き出される。
80℃になったら火を弱めること。さらにコクを引き出すために
ゆっくりと全体を混ぜ、とろみをつけながら82℃まで温度を上げる。

## 材料 (50個分)

[ビスキュイ・ア・ラ・キュイエール・カシス]

| | |
|---|---|
| 卵黄 | 223g |
| 卵白 | 335g |
| 粗糖 | 279g |
| 中力粉 | 279g |
| カシス・ピューレ | 223g |

| | |
|---|---|
| バター | 適量 |
| 強力粉 | 適量 |

[シロ・ドゥ・カシス]

| | |
|---|---|
| カシス・ピューレ | 250g |
| シロップ (17°B) | 175g |
| カシス・リキュール | 100g |
| レモン汁 | 15g |

[クレーム・アングレーズ・オ・テ]

| | |
|---|---|
| 牛乳 | 376g |
| 生クリーム (34%) | 564g |
| アールグレイ (茶葉) | 19g |
| 卵黄 | 222g |
| 粗糖 (オーガニック) | 222g |
| 板ゼラチン | 11.4g |

[コンポート・ドゥ・フリュイ・ルージュ]

| | |
|---|---|
| フランボワーズ・ピューレ | 190g |
| 粗糖 (オーガニック) | 150g |
| 冷凍カシス | 190g |
| 冷凍フランボワーズ | 190g |
| イチゴ (4〜8つ割) | 190g |
| 板ゼラチン | 12g |

[グラサージュ・ブラン]

| | |
|---|---|
| 生クリーム (34%) | 292.2g |
| 水飴 | 40.9g |
| ハチミツ | 40.9g |
| 板ゼラチン | 8.7g |
| ホワイトチョコレート | 116.9g |
| ナパージュ・ヌートル | 250.1g |

[ムース・ショコラ・ブラン]

| | |
|---|---|
| 牛乳 | 460g |
| 卵黄 | 183g |
| 粗糖 (オーガニック) | 66g |
| 板ゼラチン | 21g |
| ホワイトチョコレート | 462g |
| コアントロー | 111g |
| 生クリーム (34%) | 1109g |

| | |
|---|---|
| ホワイトチョコレートのコポー | 適量 |
| 粉糖 | 適量 |
| フランボワーズ | 適量 |
| ブルーベリー | 適量 |

## 作り方

[ビスキュイ・ア・ラ・キュイエール・
カシス]

**1** 卵黄を溶きほぐす(a)。

　※空気を含ませると仕上がりの味が薄くなるので、
　　泡立てない

**2** ミキサーに卵白と、粗糖の少量を合わせて
泡立てる。七分まで立てたら残りの粗糖を3
回に分けて加え、メレンゲを作る(b)。

　※砂糖の量が多いので、しっかりとしたメレンゲに
　　なる

**3** 2に卵黄を一度に加えながら混ぜる(c)。

　※卵黄でメレンゲを包み込むような気持ちで混ぜる

**4** 中力粉を加え、ていねいに合わせる(d、e)。

　※しっかりとした生地になる

**5** カシス・ピューレを加え混ぜる(f、g)。

　※ピューレが全体に分散し、混ざればOK。混ぜす
　　ぎないこと

**6** 直径7cmのタルトリングの内側にバターを薄
く塗って強力粉をはたき、シルパットを敷い
た天板に並べる。12mmの丸口金をつけた絞
り袋に5を入れ、型の八分目まで絞り入れ
る(h)。

**7** 180℃のオーブンで約30分焼成する(i)。

　※生地がふくらんできたら下火をきる

**8** 焼き上がったらすぐにグリルを上にのせて上
下を返し、シルパットをはがす(j)。

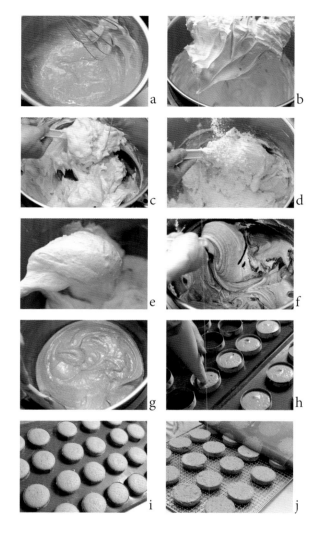

[シロ・ドゥ・カシス]

**1** カシス・ピューレにシロップ(k)、カシス・リ
キュール(l)、レモン汁を合わせる。

**2** 焼き上がったばかりのビスキュイ・ア・ラ・キュ
イエール・カシスに1のシロ・ドゥ・カシス
をたっぷりとアンビベする(m)。

　※冷めると浸透が悪くなるため、熱いうちに行う

**3** 180℃のオーブンに入れて表面を乾かす。

[クレーム・アングレーズ・オ・テ]

**1** 牛乳と生クリームを合わせて沸かし、火を止めてアールグレイを入れて混ぜ（n）、ラップをして5分ほど抽出する（o）。

**2** 卵黄と粗糖を合わせ、白っぽくなるまですり混ぜる（p）。

**3** 1の牛乳を2に注いでのばし（q）、銅ボウルに移して中火で炊く。ヘラで底から全体に混ぜながら82℃まで加熱する（r）。

　※混ぜているうちに大きな泡が消えてくると、70℃台後半になった合図。そこで温度計を入れる

**4** 火を止め、水でふやかしておいた板ゼラチンを加え、溶かす（s）。

**5** シノワでボウルに漉し入れ（t）、抽出液をしっかりと絞る（u）。

**6** 氷水にあてながら混ぜ、粗熱がとれたらデポジッターに入れる（v）。1個のサイズが直径4.5cm×高さ1.5cmのフレキシパンにふちまで流し（w）、ショックフリーザーで急速冷却する。

　※フレキシパンをあらかじめ冷凍庫で冷やしておくと、冷却が早い

[コンポート・ドゥ・フリュイ・ルージュ]

**1** フランボワーズ・ピューレと粗糖を合わせて火にかける。沸騰したら火を止めてフルーツを加える（x）。

**2** 再び火にかけ（y）、沸騰したら火を止め、水でふやかした板ゼラチンを加え溶かす（z）。

**3** 粗熱がとれたら、1個のサイズが直径3.5cm×高さ1.5cmのフレキシパンに、フルーツがまんべんなく行き渡るように入れる（a'）。

**4** ショックフリーザーで急速冷却する。

［グラサージュ・ブラン］

1 生クリーム、水飴、ハチミツを鍋に合わせて沸騰させ、火からおろし、水でふやかした板ゼラチンを加え溶かす。

2 1を溶かしておいたホワイトチョコレートに加え、乳化させる。ナパージュ・ヌートルと合わせる（b'）。

［ムース・ショコラ・ブラン］

1 牛乳、卵黄、粗糖でクレーム・アングレーズを作る。
※左頁のクレーム・アングレーズ・オ・テ参照。アールグレイの工程は除く

2 水でふやかした板ゼラチンを溶かし、刻んだホワイトチョコレートを入れたボウルに漉し入れ（c'）、乳化させる。

3 氷水にあて、混ぜながら22℃まで冷まし（d'）、コアントローを加える。

4 3を六分立てにした生クリームに加え（e'）、最初はホイッパー（f'）、仕上げはゴムベラに替えて混ぜ、ふんわりと仕上げる（g'）。

［組み立て］

1 ムース・ショコラ・ブランを丸口金をつけた絞り袋に入れ、1個が直径7cmのドーム形のフレキシパンに、高さの半分強まで絞り入れる（h'）。

2 フレキシパンから外したコンポート・ドゥ・フリュイ・ルージュを中央に入れる（i'）。

3 フレキシンパンから外したクレーム・アングレーズ・オ・テをのせる（j'）。

4 ムース・ショコラ・ブランを上にも絞り入れてパレットナイフで表面を平らにし（k'）、ショックフリーザーで急速冷却する。

5 グリルにビスキュイ・ア・ラ・キュイエール・カシスを並べ、フレキシパンから外した4をのせ（l'）、グラサージュ・ブランをかける（m'）。

6 ホワイトチョコレートのコポーを周りに貼り、フルーツをのせ、粉糖をふる。

# Charlotte aux Poires

シャルロット・オ・ポワール

日髙宣博

§

洋ナシを使う菓子は多くあるが、
シャルロット・ポワールはその代表のひとつだろう。
やさしい味の果実は、同じくやさしい味わいの
クレーム・アングレーズベースのババロワと非常に相性がよい。
ババロワには洋ナシのピューレを加え、果実味を強くしている。
ビスキュイにガナッシュを塗って貼り合わせ、
器とするのはクラシックな手法。デザイン的な要素だけでなく、
ガナッシュが味のアクセントとして
しっかり作用していることにも注目したい。
アングレーズのポイントは、炊き上げる温度。
高いと卵黄に火が入って分離し、口溶けの悪い仕上がりになる。
また、火入れが甘いと卵臭さが残り、殺菌も不十分。
よって 82 〜 85℃が適温となる。

## 材料 （30×8×5.5cmの角トヨ型10台分）

[ビスキュイ・ジョコンド]
（60×40cmの天板2枚分）

| | |
|---|---|
| アーモンドプードル | 230g |
| 粉糖 | 240g |
| 全卵 | 460g |
| 卵白 | 280g |
| 乾燥卵白 | 5g |
| グラニュー糖 | 140g |
| 薄力粉 | 90g |
| 無塩バター | 80g |

[ビスキュイ・ショコラ・ノワゼット]
（60×40cmの天板1枚分）

| | |
|---|---|
| ヘーゼルナッツプードル | 55g |
| アーモンドプードル | 68g |
| 粉糖 | 112g |
| 卵黄 | 115g |
| 卵白 | 75g+195g |
| 乾燥卵白 | 4g |
| グラニュー糖 | 70g |
| ココアパウダー | 33g |
| コーンスターチ | 15g |
| 薄力粉 | 65g |

[ババロワ・ポワール]
クレーム・アングレーズ

| | |
|---|---|
| 卵黄 | 576g |
| グラニュー糖 | 320g |
| ハチミツ | 80g |
| 牛乳 | 800g |
| ヴァニラビーンズ | 1本 |
| 板ゼラチン | 57.6g |
| 洋ナシ・ピューレ | 800g |
| レモン汁 | 80g |
| 洋ナシのリキュール | 80g |
| 生クリーム（42%） | 1600g |

[ガナッシュ]

| | |
|---|---|
| 生クリーム（38%） | 310g |
| 水飴 | 120g |
| チョコレート（59%） | 290g |
| 無塩バター | 96g |

[アンビバージュ]

| | |
|---|---|
| 洋ナシのコンポートのシロップ | 200g |
| →P.155 参照 | |
| 洋ナシのリキュール | 30g |

ビスキュイ・ピスターシュ（30×4.5cm）
→ P.128 参照 ……10枚
洋ナシのコンポート ……4個分
→ P.155 参照
冷凍フランボワーズ（ブロークン） ……適量
グラサージュ・ショコラ ……適量
→ P.27 参照
ナパージュ・ヌートル ……適量
フランボワーズ ……適量

## 作り方

[ビスキュイ・ジョコンド]

1 アーモンドプードルと粉糖を合わせてミキサーの低速で回す。

2 溶きほぐした全卵を4回ぐらいに分けて加え（a）、馴染んだら中速にして白っぽくもったりするまで泡立て、ボウルに移す。

3 卵白を泡立て、乾燥卵白とグラニュー糖を加えてさらに泡立て、メレンゲを作る。

4 2にメレンゲの一部を加え（b）、合わせる。

5 馴染んだら薄力粉を一度に加え、粉が見えなくなるまで混ぜ（c）、残りのメレンゲを2回に分けて加え、さっくりと混ぜる（d）。

6 溶かして50℃に温めたバターを加える。

7 紙を敷いた天板1枚につき780gを流し、L字パレットで平らにならす（e）。

8 230℃のオーブンで約8分焼成する（f）。

a
b
c
d
e
f

［ビスキュイ・ショコラ・ノワゼット］

1 ヘーゼルナッツプードル、アーモンドプードル、粉糖を合わせてミキサーの低速で回す。

2 卵黄と卵白75gを溶きほぐし、1に4回ぐらいに分けて加え（g）、馴染んだら中速にして白っぽくもったりするまで立てる。

3 卵白195gを泡立て、乾燥卵白とグラニュー糖を加えてさらに泡立て、メレンゲを作る。

4 2をボウルに移し、メレンゲの一部を加えて混ぜる。

5 ココアパウダーとコーンスターチ、薄力粉を合わせて一度に加え混ぜ（h）、残りのメレンゲを2回に分けて加え（i）、混ぜる（j）。

6 紙を敷いた天板に780gを流し、ならす（k）。

7 230℃のオーブンで約8分焼成する（l）。

［ババロワ・ポワール］

1 クレーム・アングレーズを作る。卵黄とグラニュー糖を白っぽくなるまですり混ぜ、ハチミツを加える（m）。

2 鍋に牛乳と、さやを縦にさいて種子をこそげとったヴァニラビーンズのさやと種子を入れ、沸騰直前まで火にかける（n）。

3 2を1に少量注いでよく混ぜ合わせる（o）。
※混ぜムラがあると火を入れたときにダマになる

4 2の鍋に戻し、中火で炊く。ヘラで鍋底から全体を混ぜながら82℃まで熱する（p）。

5 火からおろし、濡らしたダスターの上におき、余熱で火が入らないようにざっとホイッパーで混ぜる（q）。

6 水でふやかした板ゼラチンを加え、溶かす。

7 ボウルに漉し入れ、粗熱がとれたら洋ナシ・ピューレとレモン汁を加える（r）。

8 氷水にあてながら混ぜ（s）、20℃ぐらいまで冷えたら洋ナシのリキュールを加える。

9 生クリームを七分立てまで泡立てる（t）。
※すくうと下に落ちて跡が残る程度

10 9の生クリームの一部を8に加えてざっと混ぜる（u）。

11 残りの生クリームを加え混ぜる（v）。

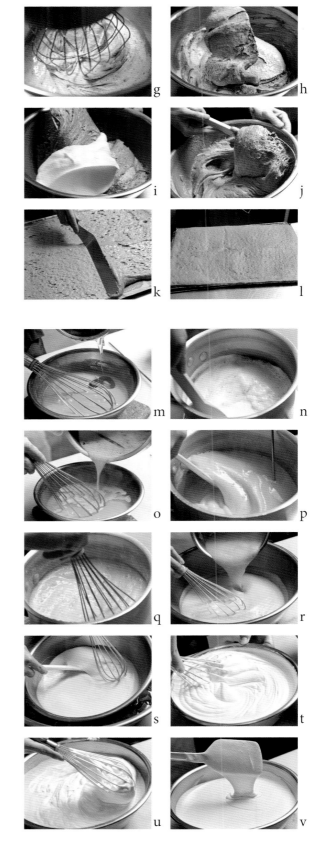

［ガナッシュ］

1 生クリームと水飴を沸かし、チョコレートを入れたボウルに注いで全体をざっと混ぜ、熱が全体に行き渡るまで2〜3分おく。

2 チョコレートが溶けたら中央にホイッパーを立てた状態で小刻みに混ぜ、中心部を乳化させる。

3 まわりを巻き込むように全体を混ぜて乳化させ、ポマード状にしたバターを加え混ぜる。


［アンビバージュ］

1 材料を混ぜ合わせる。


［組み立て］

1 焼き上がったビスキュイ・ジョコンドが冷めたら、40×30cmに2つに切る。

2 1枚目のビスキュイを焼き目を上にしておき、ガナッシュ70gを薄く塗る（w、x）。

3 2枚目のビスキュイを焼き目を上にして接着させ（y）、1と同様にガナッシュを塗り、3枚目を重ねてガナッシュを塗る（z）。

4 4枚目のビスキュイを重ねたらアクリル板で押さえ（a'）、生地をしっかり接着させる。

5 4の上にもガナッシュを塗り、型の高さと同じ5.5cm幅にカットする（b'）。

6 端から7mm厚にカットする（c'）。

7 ガナッシュを塗った面が接着面となるよう、型に並べる（d'、e'）。

8 ババロワ・ポワールを丸口金をつけた絞り袋に入れ、200gを絞り入れる（f'）。

9 焼き上がったビスキュイ・ショコラ・ノワゼットを30×6.5cmにカットし、ビスキュイ・ピスターシュとともにアンビバージュをアンビべする（g'）。

10 ビスキュイ・ピスターシュをアンビべした面を下にしてババロワ・ポワールの上にのせ（h'）、アンビバージュをアンビべする（i'）。

11 ババロワ・ポワール200gを絞り入れる（j'）。

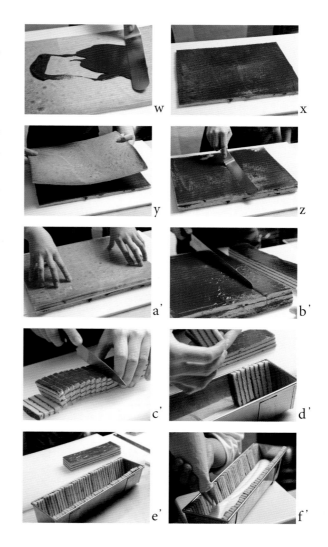

［ソルベ・フランボワーズ］

**1** 鍋に水、フランボワーズ・ピューレの半量を
合わせて中火にかける。

**2** グラニュー糖、安定剤、粉末水飴を合わせ
て加え、50 〜 60℃程度まで熱したら火を止
め、レモン汁と残りのフランボワーズ・ピュー
レを加える（i）。氷水にあてて冷やす。

**3** アイスクリームマシンにかける（j）。

［ブランマンジェ］

**1** 牛乳を沸かし、火を止め、粗く刻んだアー
モンドを加える（k）。アルミホイルをかぶせ
て 30 分抽出する。

**2** しっかり絞ってボウルに抽出液を漉す（l）。

**3** 牛乳（分量外）を加えて 550g に戻す。再び
温めてグラニュー糖を加え溶かし（m）、水
でふやかした板ゼラチンを加える。

**4** 氷水で冷やし、七分立ての生クリームを合
わせ（n）、密閉容器に移して冷やし固める。

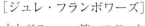

［ジュレ・フランボワーズ］

**1** 水とグラニュー糖、アガーを合わせて沸か
す。火を止めてフランボワーズ・ピューレを
加え（o）、混ぜる。バットに漉し入れ（p）、ラッ
プをして常温で冷ます。

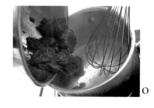

［組み立て］

**1** クープにソルベ・フランボワーズをディッ
シャーですくって入れる。その上にジュレ・
フランボワーズをスプーンで入れ、グラス・
ピスターシュ、ピスタチオ数粒、ブランマン
ジェの順に盛る（q）。

**2** フランボワーズを入れ、ジュレ、ソルベを盛
り、グラスを小さめに 2 個盛る（r）。

**3** ブランマンジェ、ピスタチオ、ジュレを盛り
（s）、フランボワーズをのせる（t）。

**4** 十分立てにした生クリームを、温めたスプー
ンでクネル形に作って盛る（u）。

**5** グラスの一部を溶かしてソースにし、上から
かける（v）。

# Riz au Lait d'Automne

リ・オ・レ・ドードンヌ

中山洋平

§

米を牛乳と砂糖で煮るヴァニラ風味のリ・オ・レは、
フランスではポピュラーな家庭菓子。
ここにクレーム・アングレーズを加えてカスタードの風味をプラスし、
日本人にとって食べやすいように仕上げた。一般的なプチ・ガトーの場合、
クレーム・アングレーズはムースのベース等として使われることが多い。
ここでは、リ・オ・レにヴァニラアイスクリームを
添えるようなイメージで、主張を持たせている。
合わせるフルーツは、和ナシ。新米の季節においしくなることから選択。
2種類のピューレとともに火を入れ、凝縮感のあるコンポテに仕立てた。
クレーム・アングレーズの火入れ加減は、温度計で測ることも重要だが、
配合によって微妙に温度は変化するため、必ず目で状態を確認する。
最後にハンドブレンダーで攪拌して乳化させることで、
より滑らかな口溶けに仕上がる。

## 材料 （口径 5.5cm×高さ 7cmのグラス約 40 個分）

[リ・オ・レ]
新米 ——————— 375g
水 ———————— 1000g
牛乳 ——————— 1500g
ヴァニラビーンズ —— 1 本
塩 ————————— 1.5g
グラニュー糖 ——— 150g
無塩バター ———— 75g

[和ナシのコンポテ]
洋ナシ・ピューレ —— 400g
ライム・ピューレ —— 36g
和ナシ（皮と芯を取り除く）— 450g

[クレーム・アングレーズ]
牛乳 ——————— 375g
ヴァニラビーンズ —— 1/2 本
卵黄（加糖 20%）—— 115g
グラニュー糖 ——— 50g

[クーリ・ポワール]
洋ナシ・ピューレ —— 750g
グラニュー糖 ——— 220g
コーンスターチ —— 60g
洋ナシ・リキュール — 70g

[クレーム・シャンティイ・ポワール]
クレーム・シャンティイ（加糖 8%）500g
洋ナシ・リキュール —— 50g
ライム・ピューレ —— 15g

和ナシ（スライス）——— 適量
ナパージュ・ヌートル —— 適量
銀箔 ———————— 適量

## 作り方

[リ・オ・レ]

1 鍋に水を沸かして米を入れ、再沸騰したら強火で 3 分ほど混ぜながら茹でて火を止め、ストレーナーにあげて水気を切る（a）。
※米のぬめりを除き、味を浸透しやすくする

2 別の鍋に牛乳と、裂いて種を取り出したヴァニラビーンズのさやと種、塩を合わせて強めの中火にかける。沸騰したら 1 を加える（b）。

3 米が鍋底にくっつかないようにゴムベラで絶えず混ぜながら、約 10 分煮る（c）。

4 米の芯まで火が通ったら火を止め、グラニュー糖とバターを加え混ぜる（d）。再び強めの中火にかけて 5 分ほど煮て、米が十分に柔らかくなったらプラックに流し、ラップを密着させ、急速冷却する（e、f）。

   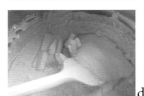  

[和ナシのコンポテ]

1 2 種類のピューレを鍋に入れ、強めの中火にかける。沸騰したら、ひと口大に切った和ナシを加え、木ベラで絶えず混ぜながら水分がなくなるまで煮る（g）。バットに広げ、ラップを密着させて冷ます（h）。

[クレーム・アングレーズ]

1 牛乳と、裂いて種を取り出したヴァニラビーンズのさやと種を鍋に入れて火にかける。ボウルに卵黄とグラニュー糖を合わせ、泡立て器でグラニュー糖のジャリジャリとした感触がなくなるまですり混ぜる(i)。

2 牛乳が沸騰したら、一部を卵黄に加えて溶き混ぜる(j)。これを牛乳に戻し、ヴァニラのさやを取り除いて中火にかけ、ゴムベラで絶えず底から混ぜて加熱し、とろみをつける(k)。すくうとゴムベラの上に液体がのり、指で筋がつく状態(l)。

※温度の目安は82℃だが、配合によって微妙に変わるので、必ず手と目で確認する

3 漉してボウルに移し、氷水にあてながらハンドブレンダーで攪拌して乳化させる(m)。

4 ゴムベラで混ぜてキメを整え、冷やす(n)。

5 リ・オ・レをボウルに入れ、4を一度に加えてゴムベラで混ぜ合わせる(o)。

6 口径5.5cm×高さ7cmのグラスに5を50gずつ絞り入れる(p)。冷凍庫で表面を固める。

[クーリ・ポワール]

1 鍋に洋ナシ・ピューレを沸かし、よく混ぜ合わせたグラニュー糖とコーンスターチを加え、強めの中火にかけて混ぜながら加熱する。とろみがついて透明になったら火を止め、洋ナシのリキュールを加える(q)。

2 リ・オ・レを入れたグラスに20gずつ流し、急冷する(r)。

[クレーム・シャンティイ・ポワール]

1 五分立てにしたクレーム・シャンティイに洋ナシ・リキュールとライム・ピューレを加え、絞り出せるかたさの九分立てにする(s、t)。

[組み立て]

1 和ナシのコンポテを、クーリ・ポワールを流したグラスの中にスプーンで30gずつ入れる。上にクレーム・シャンティイ・ポワールを絞る(u)。和ナシをのせ、ナパージュ・ヌートルを切り口に塗る(v)。銀箔を飾る。

*Partie*

# 9

# Crème Ganache
クレーム・ガナッシュ

*p214-219* 興野　燈 —— Palais Or　パレ・オール

*p220-225* 藤巻正夫 —— Mariage　マリアージュ

*p226-229* 日髙宣博 —— Chocolat Noir　ショコラ・ノワール

*p230-233* 菅又亮輔 —— Terrine Chocolat Raisin au Armagnac
　　　　　　　　　　　　テリーヌ・ショコラ・レザン・オ・アルマニャック

*p234-237* 中山洋平 —— Saucisson Yuzu　ソーシソン・ユズ

チョコレートをベースに生クリームや牛乳、
バターなど液状のものを合わせたクリーム。
南西フランスで考案されたものといわれ、
同地の方言 ganacher（ぬかるみを苦労して歩く）を意味する
言葉が語源とされている。
生地に挟んだり表面に塗ったりするほか、
ボンボン・ショコラのセンターなどにも使われる。
チョコレートのコクとねっとりとした食感、滑らかな舌触りは、
生クリームの水分とチョコレートの油脂分（カカオバター）が
乳化することで生まれる。
刻んだ、または溶かしたチョコレートに沸騰させた生クリームを注ぐ際に、
少しずつ注いでそのつどよく混ぜながら乳化させていく。
分量にもよるが、生クリームの脂肪分が高いと分離しやすくなるため、
低脂肪のものを使うほうが失敗がない。

# Palais Or

パレ・オール
興野 燈

§

パレ・オールは、フランスのショコラトリーではどこでも見かける、
ボンボン・ショコラの定番。
それを生菓子に仕立てた。
ガナッシュを食べるプティガトーだ。
フォークを入れると、中はとろとろのガナッシュ。
表面にはグラサージュをかけ、上にはプラック・ショコラと金箔をのせ、
ビジュアルにもそれらしくこだわった。
この大きさになると、中がガナッシュだけでは単調になるため、
センターにクレーム・ブリュレを入れ、
底にはビスキュイを敷いて軽さを出している。
ガナッシュを作る際に最も重要なのは乳化させること。
チョコレートに生クリームを少量ずつ加えながら混ぜることはもちろん、
混ざったあとも、ハンドブレンダーで撹拌する。
空気を抜きながら粒子を細かくすることで、
より滑らかなガナッシュとなる。

［組み立て］

1　プラックに、冷ましたビスキュイ・ショコラ・サン・ファリーヌを紙をつけたままおき、上にセルクルをくっつけて並べる。

2　上からプラックをあて（j'）、押さえ、ビスキュイを抜いてセルクルにはめる（k'）。

3　ガナッシュ・パレ・オールをデポジッターに入れ、セルクルの半分の高さまで入れる（l'）。

4　クレーム・ブリュレ・ヴァニーユ・タヒチを入れ、軽く押さえる（m'）。

5　上にもガナッシュ・パレ・オールを、セルクルふちから0.5cm下まで入れる（n'）。

6　ショックフリーザーで急速冷却する（o'）。

7　上に板をのせて上下をひっくり返す。上からめん棒などを転がし（p'）、余分なビスキュイを落とす。

8　ビスキュイ・ショコラ・サン・ファリーヌの紙をはがし（q'）、セルクルを1個ずつばらす（r'）。

9　周囲をバーナーで温め（s'）、型から外す（t'）。

10　プラックの上にグリルをのせ、上に9をおく。

11　上からグラサージュ・ミロワール・ショコラをかけ（u'）、パレットナイフを一往復させて表面を平らにし、余分なグラサージュを落とす（v'）。

12　金台紙にのせる（w'）。

13　プラック・ショコラをのせる（x'）。

14　中央に金箔を飾る（y'）。

# Mariage

マリアージュ

藤巻正夫

§

横浜の「レジオン」で作っていた菓子の中でも
最も組み立てが複雑で、かつ人気だった商品。
中はミルクチョコレートのムースが主体で、
センターにはフリュイ・ルージュのソースと塩味のキャラメルクリーム、
その下にガナッシュが潜んでいる。
カカオバターとカカオマスを合わせたところへ、卵黄と無精製糖、
生クリームで炊いた濃厚なアングレーズを注ぎ、乳化させている。
そのままでも充分おいしいガナッシュを、
生菓子のような味わいにしているのが特徴だ。
ガナッシュを作る際のポイントは、作業をするときの温度。
27 ～ 28℃ではカカオバターが凝固し始める。
また30℃以上では溶け出す。
この特徴を充分に理解したうえでガナッシュを作ると、
状態のよいクリームができる。

## 材料 （直径6cm×高さ4cmのセルクル50個分）

[ビスキュイ・ショコラ]
（60×40cmの天板1枚分）

| | |
|---|---|
| パート・ダマンド | 128g |
| 粉糖 | 34g |
| 全卵 | 40g |
| 卵黄 | 98g |
| 卵白 | 154g |
| 粗糖 | 52g |
| 中力粉 | 40g |
| ココアパウダー（オーガニック） | 40g |
| 発酵バター | 40g |

[ソース・フリュイ・ルージュ]

| | |
|---|---|
| フランボワーズ・ピューレ | 285g |
| カシス・ピューレ | 285g |
| レモン汁 | 38g |
| 板ゼラチン | 16g |
| キルシュ | 19g |

[ガナッシュ・シャンス]

| | |
|---|---|
| 卵黄 | 29g |
| 水飴 | 42g |
| 生クリーム（34%） | 607g |
| 無精製糖 | 180g |
| 天然ヴァニラ原液 | 3g |
| カカオマス（オーガニック） | 225g |
| カカオバター（オーガニック） | 158g |

[クレーム・キャメル・サレ]

| | |
|---|---|
| グラニュー糖 | 125g |
| 生クリーム（34%） | 450g |
| 牛乳 | 300g |
| ヴァニラビーンズ | 1本 |
| 卵黄 | 150g |
| ハチミツ | 150g |
| 天然焼塩 | 5g |
| 板ゼラチン | 10g |

[ジュレ・フランボワーズ]

| | |
|---|---|
| フランボワーズ・ピューレ | 350g |
| シロップ（30°B） | 53g |
| ヴァニラビーンズ | 1本 |
| 板ゼラチン | 7g |
| フランボワーズの蒸留酒 | 40g |

[グラサージュ・ルージュ]

| | |
|---|---|
| フランボワーズ・ピューレ | 500g |
| ペクチン（ジュレ用） | 8g |
| グラニュー糖 | 175g |
| 水飴 | 175g |
| レモン汁 | 65g |
| 板ゼラチン | 22g |

[ムース・ショコラ・オレ]

| | |
|---|---|
| 卵黄 | 85g |
| グラニュー糖 | 34g |
| 牛乳 | 170g |
| 板ゼラチン | 11g |
| ミルクチョコレート（41.7%） | 477g |
| 生クリーム（34%） | 985g |

ブラック・ショコラ
（直径4.5cm×厚さ1.75mm）　50枚
クラクレン・ダマンド　適量
　→ P.123 参照
粉糖　適量

## 作り方

[ビスキュイ・ショコラ]

1 パート・ダマンドと粉糖をミキサーボウルに入れる（a）。

2 全卵と卵黄を合わせて溶きほぐし、1に一部を加えて回す。ペースト状になったら残りを少しずつ加えながら回す（b）。

3 白っぽく、滑らかな状態になるまで回す（c）。

4 卵白と粗糖を泡立ててメレンゲを作る。1/2量を3に加え、さっくりと合わせる（d）。

5 中力粉とココアパウダーを合わせてふるい、4に加えて混ぜる（e）。

6 残りのメレンゲを加え混ぜ（f）、溶かした発酵バターを加え、混ぜ合わせる（g）。

7 紙を敷いた天板に流し、平らにならす（h）。

8 215℃のオーブンで15分焼成する（i）。

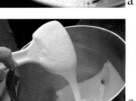
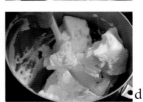
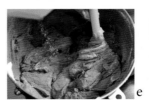

## [ソース・フリュイ・ルージュ]

1 プラックに OPP シートを敷き、直径 4.5cm
  のセルクルを並べて冷凍しておく。

2 フランボワーズ・ピューレ、カシス・ピューレ、
  レモン汁を合わせて沸かし、火を止め、水
  でふやかした板ゼラチンを加え溶かす(j)。

3 氷水にあてて粗熱をとり、キルシュを加え、
  しっかりとろみがついたらデポジッターに入
  れる。

4 用意したセルクルに高さ 1cmまで入れる(k)。
  ショックフリーザーで急速冷却する。

## [ガナッシュ・シャンス]

1 プラックに OPP シートを敷き、直径 5cm×
  高さ 1cmのセルクルを並べて冷凍しておく。

2 卵黄と水飴をすり混ぜる(l)。

3 鍋に生クリームを沸かして少量を 2 に加え
  (m)、鍋に戻して 82℃まで加熱してとろみ
  をつける。

4 火を止めて無精製糖を加え溶かし (n)、天
  然ヴァニラ原液を加える。

5 カカオマスとカカオバターを合わせて溶かし
  ておいたところへ、4 を一気に注ぐ(o)。

6 1 分ほどおいてから混ぜて乳化させる(p)。
  ※熱い生クリームを注いでしばらくおくことでチョコ
    レートの温度が上がり、乳化しやすくなる

7 用意したセルクルにデポジッターで流し入
  れ(q)、ショックフリーザーで急速冷却する。

［クレーム・キャラメル・サレ］

1 グラニュー糖を銅鍋に入れて火にかけ、焦がし、カラメルを作る。

2 生クリーム、牛乳、さやを縦に裂いたヴァニラビーンズを合わせて沸かし、1に加えて混ぜる（r）。

3 卵黄にハチミツと天然焼塩を加え（s）、混ぜる。

4 2の一部を3に注いで溶き、銅鍋に戻し、混ぜながら82℃まで熱してとろみをつける（t）。

5 火からおろし、水でふやかしておいた板ゼラチンを加え溶かす。ボウルに濾し入れ、氷水にあてながら冷やして粗熱をとる（u）。

6 デポジッターに入れ、ソース・フリュイ・ルージュを凍らせたセルクルの上に高さ1.5cm程度に流し入れる（v）。ショックフリーザーで急速冷却する。

［ジュレ・フランボワーズ］

1 鍋にフランボワーズ・ピューレとシロップを合わせる。ヴァニラビーンズのさやを縦にさき、種子をこそぎ出して加え（w）、火にかける。

2 沸騰したら火を止め（x）、水でふやかしておいた板ゼラチンを溶かし、ボウルに濾し入れる。

3 氷水にあてて冷やし、粗熱がとれたらフランボワーズの蒸留酒を加える（y）。

4 さらに冷やし、とろみがついたらデポジッターに入れる。あらかじめ冷やしておいた1個のサイズが長さ2.8cmのシリコン製のハート型に流し（z）、ショックフリーザーで急速冷却する。

［グラサージュ・ルージュ］

1 鍋にフランボワーズ・ピューレ、ペクチン、グラニュー糖、水飴、レモン汁を合わせ、混ぜながら火にかける（a'）。

2 沸騰したら火からおろし、水でふやかした板ゼラチンを加え溶かし、濾す。

## ［ムース・ショコラ・オ・レ］

**1** 卵黄とグラニュー糖をすり混ぜ、沸かした牛乳を加え、鍋に戻して82℃まで加熱してとろみをつける。火からおろし、水でふやかしておいた板ゼラチンを加え溶かす。

**2** 1を溶かしたミルクチョコレートに漉しながら加え（b'）、乳化させる（c'）。

※合わせたときの温度が38℃前後だと理想的。きれいに馴染む温度

**3** 2の温度が35℃まで下がったら、六分立てにした生クリームのボウルに一度に加え（d'）、混ぜ合わせる（e'）。

## ［組み立て］

**1** ソース・フリュイ・ルージュにクレーム・キャラメル・サレを入れて固めたものをセルクルから外す（f'）。

**2** OPPシートを敷いたプラックに、直径6cm×高さ4cmのセルクルを並べる。ここにムース・ショコラ・オ・レを型の2/3の高さまで絞り入れる（g'）。

**3** 1を2に入れ込む（h'）。

**4** ムース・ショコラ・オ・レをスプーンで周囲にすり鉢状に塗り（i'）、余分な空気が入らないようにする。

**5** ガナッシュ・シャンスをセルクルから外し、プラック・ショコラをのせる（j'）。

**6** 4の中央にムース・ショコラ・オ・レを絞り、5を入れる（k'）。その上にムース・ショコラ・オ・レを少し絞って平らにならし、直径5.5cmの円形に抜いたビスキュイ・ショコラでふたをする（l'）。ショックフリーザーで急速冷却する。

**7** セルクルの周囲をバーナーで温めて型から外し、グリルにのせる。

**8** ハート型のジュレ・フランボワーズをのせ、グラサージュ・ルージュをかける（m'、n'）。

**9** 側面にクラクレン・ダマンドをつけ、粉糖をふる（o'）。

# Chocolat Noir

ショコラ・ノワール

日髙宣博

§

チョコレートを食べやすく構成した菓子。

中には2種類のガナッシュが潜んでいる。

ひとつは、生クリームとチョコレートの割合いが1：1に近い

生チョコのようなタイプ。シャンティイ・ショコラに使用することで、

チョコレートの風味がしっかりとありつつも、軽い味わいのシャンティイに仕上がる。

もうひとつは、ビスキュイに塗った水飴とバター入りのもの。

冷えても固まりにくい配合で、アクセントとして構成要素に入れた。

ガナッシュを作る際、チョコレートに温めた生クリームを加えたら、

熱で自然に溶けるまでしばらくおくこと。

シャンティイ・ショコラは、生クリームをしっかり立ててから

ガナッシュを合わせると分離する。

ゆるめに立て、使うときにかたさを調整するとよい。

## 材料 （約80個分）

[ビスキュイ・ショコラ]
（52×38cmの角型4台分）

| | |
|---|---|
| 卵黄 | 750g |
| 上白糖 | 320g |
| カカオマス | 216g |
| メレンゲ | |
| 　卵白 | 1070g |
| 　上白糖 | 400g |
| 　トレハロース | 132g |
| ココアパウダー | 128g |
| コーンスターチ | 108g |

[アンビバージュ]

| | |
|---|---|
| シロップ | 300g |
| ※シロップは水：グラニュー糖を1：1.25の<br>　割合で作ったもの | |
| ラム | 30g |

[シャンティイ・ショコラ]

| | |
|---|---|
| ガナッシュA | |
| 　生クリーム（38%） | 280g |
| 　チョコレート（59%） | 266g |
| 　生クリーム（42%） | 1617g |
| ガナッシュB | 810g |
| 　→ P.202 参照 | |
| ココアパウダー | 適量 |
| クラクレン・ダマンド | 適量 |

## 作り方

[ビスキュイ・ショコラ]

1 卵黄と上白糖を合わせ、43℃まで温める。

2 ミキサーに移し、高速で泡立てる（a）。

3 もったりとしたらミキサーから外し、溶かして50℃に温めたカカオマスを加える（b）。

4 卵白、上白糖、トレハロースを合わせて泡立て、メレンゲを作る。

5 メレンゲの一部を3に加え（c）、混ぜ、合わせてふるったココアパウダーとコーンスターチを一度に加え混ぜる。

6 残りのメレンゲを加え混ぜる（d）。

7 紙を敷いた型に流し（e）、200℃のオーブンで11分焼成する（f）。

[アンビバージュ]

1 材料を混ぜ合わせる。

[シャンティイ・ショコラ]

1 ガナッシュAを作る。生クリーム（38%）を沸かし、チョコレートを入れたボウルに注ぐ（g）。全体をざっと混ぜ、熱が全体に行き渡るまで2～3分おく。

2 チョコレートが溶けたら、中央にホイッパーを立てた状態で小刻みに混ぜ（h）、中心部分を乳化させる。

**3** 中心部が乳化したら、まわりを巻き込むように混ぜて全体を乳化させる（i）。
※ここで35℃程度になっていればよい。温度が低い状態で混ぜると分離するので注意

**4** ハンドブレンダーで、表面にツヤがでるまで撹拌し、しっかりと乳化させる（j）。

**5** 生クリーム（42%）をゆるめに泡立てる（k）。

**6** 一部を4のガナッシュに加え（l）、混ぜる（m）。

**7** 生クリームのボウルに戻し、合わせる（n）。
※ゆるめに作っておき、使う分だけそのつど立てて使用する

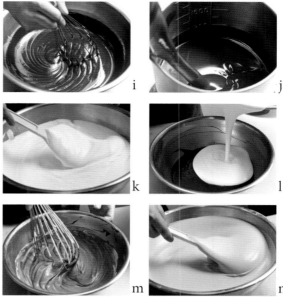

［組み立て］

**1** 台の上にビスキュイ・ショコラの焼き面を上にしておき、アンビバージュをアンビべする。

**2** ガナッシュB200gをL字パレットで薄く塗り広げる（o）。

**3** シャンティイ・ショコラを550g計り、泡立てる（p）。

**4** 3を2のビスキュイ・ショコラの上にのせ、手早く塗り広げる（q）。

**5** 台を180度回転させ、2枚目のビスキュイ・ショコラを焼き面を下にしてのせ（r）、上に板をおいて軽く押さえる。

**6** アンビバージュをアンビべする。

**7** 2〜6の作業をあと2回繰り返す（s、t）。

**8** 4枚目のビスキュイにガナッシュBを塗ったら、泡立てたシャンティイ・ショコラ440gをのせ、塗り広げる（u）。

**9** 温めたナイフで表面をならし、冷蔵庫で一度クリームを冷やし固める。

**10** コルネにガナッシュBを入れ、最初は細い線、上から太い線を描いて模様にする（v）。ココアパウダーをふる。

**11** 8×3cmにカットし（w）、丸口金をつけた絞り袋でシャンティイ・ショコラを絞り、クラクレン・ダマンドを飾る。

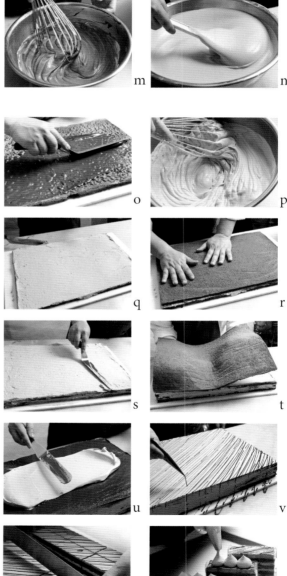

# Terrine Chocolat Raisin au Armagnac

テリーヌ・ショコラ・レザン・オ・アルマニャック

菅又亮輔

§

テリーヌ・ショコラを作りたいが方法がわからない。

そこでクレーム・ガナッシュを焼き、卵を入れ、

粉を加え……と試行錯誤を重ねた結果、求める味に行き着いた。

隠し味に粒コショウと塩を加え、フォアグラのテリーヌのような、

ねっとりとした食感を、配合と湯煎焼きによって実現。

ガナッシュから発想が広がった菓子なので、ここで紹介する。

チョコレートと生クリームでガナッシュを作り、

そこに砂糖や卵、粉類を加えていく。

最後にロボクープで撹拌することが重要だ。

しっかり乳化させることで、焼いたときに生地が割れることを防げる。

また作ったテリーヌ生地は表面が乾きやすい。

手早く型に絞り入れないと、焼き上がったときにレーズンを挟んだところから

2つに割れてしまうことがあるので、注意したい。

## 材料 (16.5 × 6 × 4cmのパウンド型 2 台分)

[レザン・オ・アルマニャック]
サルタナレーズン ——————— 150g
ブランデー（アルマニャック）— 50g
※分量は作りやすい量

[パータ・テリーヌ・ショコラ]
生クリーム（35%）————— 230g
ハチミツ ———————————— 16g
チョコレート
（ヴァローナ社 P125）—————— 250g
全卵 ————————————————— 175g
グラニュー糖 ————————— 65g
コーンスターチ ————————— 25g
ココアパウダー ————————— 12g
黒粒コショウ（ホール）———— 0.8g
塩 ————————————————— 0.8g
発酵バター ———————————— 66g

## 作り方

[レザン・オ・アルマニャック]

1 サルタナレーズンをブランデーに漬けて 5 日
おく(a)。
※レーズンがしっかりブランデーを吸収して膨らん
だら OK

a

[パータ・テリーヌ・ショコラ]

1 鍋に生クリームとハチミツを合わせて沸かす
(b)。

2 火を止め、溶かしたチョコレートに注ぎ(c)、
しっかり混ぜて乳化させ、ガナッシュを作る
(d)。

3 別のボウルに全卵とグラニュー糖を合わせ
て混ぜ、合わせてふるったコーンスターチと
ココアパウダーを一度に加え混ぜる(e)。

4 包丁の背でつぶした黒粒コショウと塩を加
え(f)、混ぜる。

b

c

d

e

**5** これを**2**のガナッシュに加え(g)、混ぜる(h)。

**6** ロボクープに移す(i)。

**7** 常温におき、指がすっと入るくらいのやわら
かさに戻した発酵バターを加える（j）、しっ
かり撹拌し、乳化させる(k)。
※全体にツヤが出て、気泡がなくなればよい

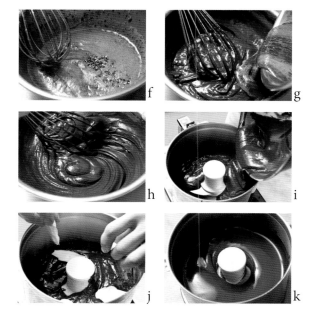

［組み立て］

**1** 型の底と側面に紙を敷く。丸口金をつけた
絞り袋に入れたパータ・テリーヌ・ショコラを、
型の高さの半分強まで絞り入れる(l)。

**2** レザン・オ・アルマニャックの余分な汁気を
ペーパーで拭き取り、25gを入れる(m)。

**3** 上にもパータ・テリーヌ・ショコラを絞る(n)。
※1台につき合計で300gのパータ・テリーヌ・ショ
コラが入る

**4** 深めのバットにダスターを敷いて**3**を並べ、
型の高さの半分まで湯を注ぐ(o)。

**5** ふたをし（p）、150℃のオーブンで35〜40
分湯煎焼きする(q)。

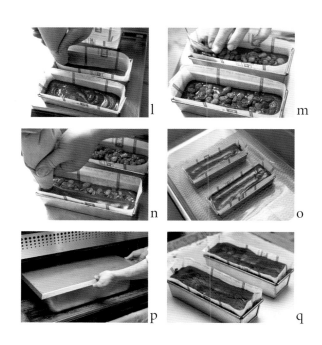

# Saucisson Yuzu

ソーシソン・ユズ

中山洋平

§

ソーシソンは、フランス語で「サラミ」を意味する。
サラミの形をしたソーシソン・ショコラは、
フランスのショコラティエの定番商品。かために仕上げたガナッシュに
ナッツやドライフルーツを混ぜ、冷やして成形する。
切り口が、サラミのように見えるところに遊び心を感じる1品だ。
ここでは、ユズの風味を加えて、キレと爽やかさをプラス。
プラリネ・ノワゼットやミルク味のジャンドゥージャを配合し、
口溶けのよさと食べやすさも考慮した。
ガナッシュは、生クリームと合わせる工程で分離したように見えても、
ハンドブレンダーで攪拌しているうちにつながってくる。
また、仕上げにバターを加えるときは、常温で柔らかくした状態にし、
ツヤが出るまで混ぜる。
しっかり乳化させることが、心地よいテクスチャーに仕上げるコツだ。

## 材料 <small>(長さ18cm 5本分)</small>

［ガナッシュ・ソーシソン］
ジャンドゥージャ・ノワゼット・レ
—————————— 250g
チョコレート(66%) —————— 75g
プラリネ・ノワゼット —————— 40g
生クリーム(35%) —————— 150g
ユズ・ピューレ —————————— 30g
無塩バター —————————— 40g
クッキークラム(ココア味) —— 120g
アーモンド(ホール・170℃のオーブンで
約15分ローストしたもの) —— 40g
ヘーゼルナッツ(ホール・170℃のオーブ
ンで約15分ローストしたもの) — 120g
ピスタチオ —————————— 30g
ドライ・ユズ(刻んだもの) —— 80g

［仕上げ］
チョコレート(66%) ———— 適量
粉糖 ——————————— 適量

## 作り方

［ガナッシュ・ソーシソン］

1 ローストしたアーモンドとヘーゼルナッツは
粗く刻み、クッキークラムとピスタチオと合
わせておく(a)。

2 ボウルに刻んだジャンドゥージャ・ノワゼッ
ト・レとチョコレートを合わせ、湯煎にかけ
て溶かす(b)。

3 プラリネ・ノワゼットと生クリーム、ユズ・
ピューレを鍋に合わせて中火にかけ、混ぜ
ながら沸騰させる。

4 3を2に加え(c)、泡立て器で混ぜ、馴染ん
だらハンドブレンダーで攪拌する(d)。

5 途中で分離してくるが、攪拌しているうちに
つながってくる。滑らかになってツヤが出る
までしっかり乳化させる(e)。
※乳化し終わったときの温度は約50℃

6 常温で柔らかくしたバターを加え、泡立て
器でしっかり混ぜる(f)。表面にツヤが出て、
つながったらOK(g)。
※ここでバターが混ざっていないと、冷やし固めた
ときにバターの粒が残って口あたりが悪くなるため、
しっかり乳化させる

a

b

c

d

e

f

g

h

7 1とドライ・ユズを加え、ゴムベラで混ぜ合
　わせる(h、i)。

8 シルパットを敷いたプラックの上に流して広
　げ、平らにし、上にもシルパットをのせ、冷
　蔵庫で 4 〜 5 時間冷やし固める(j)。

［成形］

1 ガナッシュ・ソーシソンが冷えて固まったら、
　スケッパーで 180g ずつ分割する(k)。

2 手で手早く練って俵形にまとめ、急速冷却
　して再度固める(l)。

3 冷蔵庫で冷やしておいた板の上で転がしな
　がら、長さ 18cm の棒状にまとめる(m)。
　※作業していると手の温度でガナッシュが柔らかく
　なるため、あらかじめ板を冷やす

4 バットに並べ、冷蔵庫で冷やし固める(n)。

［仕上げ］

1 チョコレートをテンパリングする。

2 1を、冷蔵庫で冷やしたガナッシュ・ソーシ
　ソンの表面全体に手で塗りながら、指で筋
　をつける(o)。
　※チョコレートがテンパリングしてあるため、冷える
　とすぐに固まる。これを利用して模様をつける

3 2を急速冷却し、表面のチョコレートがしっ
　かり固まったら、バットに入れた粉糖の上に
　転がして表面に粉糖をまぶす(p)。

4 手でしごき、下のチョコレートの筋の模様を
　浮き立たせる(q)。完成(r)。

# *Partie*

# 10

# Crème Chiboust

クレーム・シブースト

*p240-244* 興野　燈 —— Saint-Honoré aux Pommes　サントノレ・オ・ポム

*p246-249* 藤巻正夫 —— Puits d'Amour　ピュイ・ダムール

*p250-253* 日髙宣博 —— Chiboust aux Pommes　リンゴのシブースト

*p254-259* 菅又亮輔 —— Chiboust au Yuzu Verveine　シブースト・オ・ユズ・ヴェルヴェーヌ

*p260-263* 中山洋平 —— Chiboust Framboise　シブースト・フランボワーズ

19世紀のパリの菓子職人、シブーストが考案したといわれるクリーム。

円形のパイ生地の上にシュー生地を絞って焼いた菓子、

サントノレを創作した人物として知られる。

別名クレーム・サントノレとも呼ばれる。

同じクレーム・パティシエールベースでも、

生クリームを合わせるクレーム・ディプロマットとは異なり、

シブーストはムラング・イタリエンヌと合わせる。

そのため、パティシエールの旨味がしっかり表に出ながら、

軽い味わいになるところが特徴だ。

パティシエールとムラングの温度帯を合わせると混ぜるときに馴染みがよく、

より軽く、滑らかに仕上がる。

そのまま菓子名になったシブーストは、

アパレイユを流したパイ生地にこのクリームを絞ってカラメリゼをしたもの。

そのほか、サントノレに使われる。

# Saint-Honoré aux Pommes

サントノレ・オ・ポム
興野 燈

§

サントノレはパリ発祥のフランス古典菓子。
シブーストを使った菓子の代表なのだが、
クレーム・シブーストを使ったサントノレは、日本では見かけることが少ない。
フランスでも、今はシブーストではなく、
味や香りをつけたクレーム・シャンティイで作ることが多い。
それをあえて伝統にこだわり、シブーストで製作した。
味わいがやや単調になりやすいクリームなので、
リンゴのピューレを加え、フルーツの甘酸っぱさで変化を出している。
土台にはリンゴを焼き込んだポム・タタンを入れた。
伝統のクリームを風化させないためにも、古典菓子のベースは尊重しつつ、
現代的な要素を取り入れることは必要だ。
絞り出すタイプのシブーストにしては、メレンゲの割合が少なめ。
パティシエールとメレンゲを合わせたら、
絞り出せるかたさになるまで、氷水で冷やしながら混ぜること。

## 材料 （直径 15cm 1 台分）

［ポム・タタン］
リンゴ（紅玉またはピンクレディ）
―――――――― 約 3 個
グラニュー糖 ――――――― 150g
生クリーム（38%）――――― 36g
キャラメルタブレット ――――― 2 個

［クレーム・シブースト・ポム］
リンゴ・ピューレ ――――― 225g
生クリーム（38%）――――― 225g
卵黄 ―――――――――― 100g
コーンスターチ ―――――― 25g
板ゼラチン ――――――――― 15g
ムラング・イタリエンヌ
卵白 ―――――――――― 125g
水 ――――――――――― 30g
グラニュー糖 ―――――― 250g
カルヴァドス ――――――― 22g

［カラメル］
グラニュー糖 ―――――― 200g
水飴 ―――――――――― 50g

フイユタージュ・アンヴェルセ
――――――――――――― 適量
→ P.168 参照
パータ・シュー ――――――― 適量
→ P.44 参照
ドリュール ―――――――― 適量
クレーム・パティシエール ―― 適量
→ P.44 参照
カルヴァドス ――――――― 適量

## 作り方

［ポム・タタン］

1 リンゴは皮と芯を除き、八等分のくし形に切る。

2 バットに並べ、グラニュー糖と生クリームをふりかける。160℃のオーブンに入れ、ときどきヘラで混ぜながら 20 分焼く（a）。

3 直径 12cm のテフロン加工の丸型にキャラメルタブレットを入れる（b）。

4 2 のリンゴを放射状に一周並べる（c）。

5 上にもリンゴをのせる（d）。

6 160℃のオーブンで 40 分焼成する（e）。スイッチを切り、余熱で全体が飴色になるまでゆっくりと火を通す（f）。

［クレーム・シブースト・ポム］

1 リンゴ・ピューレと生クリームを合わせてハンドブレンダーで撹拌し（g）、鍋に移す。

2 別のボウルに卵黄を溶き、コーンスターチを加えて混ぜる（h）。

3 これを1とともに鍋に合わせ、中火にかけて加熱する（i）。

4 耐熱ベラで絶えず鍋底や角をかくようにし、コシが切れて表面にツヤが出たら（j）、火からおろす。

5 水でふやかした板ゼラチンを加え溶かし、ボウルに移す（k）。

6 ムラング・イタリエンヌを作る。卵白をミキサーで泡立てる。六分まで立ったら、水とグラニュー糖を合わせて117℃まで煮詰めたシロップを少しずつ注ぎ（l）、中速〜高速で角がピンと立つまで泡立てる（m）。

7 5にカルヴァドスを加え（n）、混ぜる（o）。

8 6のムラング・イタリエンヌの1/3量を加え、ホイッパーでしっかり混ぜ合わせる。

9 残りのムラングの半量を加え（p）、ヘラに持ち替えて、泡を消さないようにふんわりと混ぜ合わせる（q）。

10 残りのムラングを加え（r）、混ぜ、馴染んだらボウルの底を氷水にあてながら、絞れるかたさに調整する（s）。

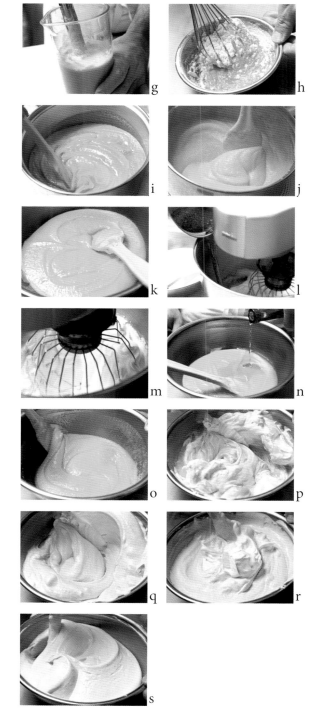

［カラメル］

1 鍋にグラニュー糖、水飴を合わせ、強火で混ぜながら溶かし、煮詰めて色をつける（t）。

2 濃いカラメル色になったら火を止める（u）。

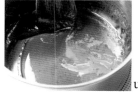

［組み立て］

1 フイユタージュ・アンヴェルセをパイシーター
　で 2mm 厚にのばしてピケし、直径 15cm の円
　形に抜いて天板にのせる（v）。

2 11mm の丸口金をつけた絞り袋にパータ・
　シューを入れ、フイユタージュの土台に、ふ
　ちを 5mm ほどあけて 1 周絞る（w）。

3 シュー生地にドリュールを塗り（x）、170℃の
　オーブンで 40 分焼成する（y）。

4 別の天板にパータ・シューを直径 3cm ほどに
　絞り、プティ・シューを作る（z）。

5 ドリュールを塗り、水につけたフォークで押
　さえて筋をつける（a'）。
　※きれいな丸いシューに焼き上げるため

6 170℃のオーブンで 40 分焼成する（b'）。

7 クレーム・パティシエールにカルヴァドスを
　加え、混ぜる。丸口金をつけた絞り袋に入れ、
　3 の内側に外側から渦巻き状に絞る（c'、d'）。

8 型から外したポム・タタンをおく（e'）。

9 プティ・シューの底に 3mm の丸口金で穴をあ
　け、上面にカラメルをつけ、カラメルをつけ
　た方を下にしてシルパットの上におく（f'）。

10 3mm の丸口金をつけた絞り袋にクレーム・シ
　ブースト・ポムを入れ、プティ・シューの中
　に絞る（g'）。

11 プティ・シューの底にもカラメルをつけ、8
　の外周のシューの上に接着させていく（h'）。

12 サントノレ口金をつけた絞り袋にクレーム・
　シブースト・ポムを入れ、11 の内側に、外
　側から中心に向かって絞る（i'）。

13 2 段目は中央部にだけ絞り（j'）、全体がきれ
　いな山形になるようにする。

*Column*

# クリームづくりの注意点 その4

本文で紹介している各クリームを作る際の注意点をまとめて紹介。
クリームを作る上で、よくある疑問を取り上げ、解説していく。

## Q13

クレーム・アングレーズが分離してしまった。

　85℃以上に加熱したことが原因。クレーム・アング
レーズは卵黄が熱によって固まる力を利用し、混ぜな
がらゆっくりと全体に濃度をつけていくクリーム。牛乳
の中に分散した卵黄は65℃から凝固を始め、70℃で
完全に固まる。砂糖を加えたり、牛乳などの液体での
ばすと凝固温度が上がるため、80〜85℃が卵黄の凝
固温度となる。それを超えると卵黄が完全に固まって、
浮いてきてしまい、分離した状態になるのである。作
る分量が多い場合などは、余熱で温度が上昇すること
を考え、1〜2℃低い状態で火からおろすほうがよい。

## Q14

ヴァニラビーンズの種類について知りたい。

　ヴァニラビーンズとは、ラン科の植物、バニラの実
のこと。生っているときは緑色をしているが、バニラが
持つ特有の酵素による発酵と乾燥を経て、お馴染みの
黒く細い状態になる。ブルボン系とタヒチ系の2種類
があり、それぞれ特徴となる香りが異なる。

　よく見かけるのはブルボン系。マダガスカル島、レ
ユニオン島が産地として有名で、生産量のほとんどを
占める。甘くマイルドな香りが特徴だ。タヒチ系は、タ
ヒチ島が産地で、全生産量の数パーセントにしか満た
ないため、非常に貴重である。華やかで個性的な強い
香りが印象的で、これは発酵によって生じるバニリン
という物質のほか、アニスの風味であるアニシック系
のアロマ成分が多く含まれいるからといわれる。菓子
によっては好んで使われることも多く、ブルボン系ヴァ
ニラよりも太く、ツヤがある。

## Q15

ムラング・イタリエンヌを作るとき、
シロップは、どのタイミングで加えるのか？

　「卵白がもこもこしてきたら」「半分程度泡立ったら」
「六分立てまで」など、菓子や作る人によって表現が
異なる。卵白がどの程度まで泡立ったときにシロップを
加えるかは実際、シロップにした砂糖の量によって変
わってくる。

　砂糖の量が多いとシロップの粘性が強まって、卵白
の泡立ちが抑えられてしまう。したがって、卵白に対
して砂糖の量が1.5倍から2倍の場合は、六分から九
分立て、それ以下のときは六分から七分立てが目安と
考えるとよい。

## Q16

ムラング・イタリエンヌを作るとき、
煮詰めた砂糖を加えるのはなぜ？

　ムラング・イタリエンヌの基本配合は、卵白に対し
て2倍の量の砂糖を加えるのが基本。これだけの分量
の砂糖を卵白にそのまま加えると、砂糖が卵白の水分
を吸収してしまい、ほとんど泡立たない。そこで、砂
糖を先に水に溶かし、シロップにしておく。こうするこ
とで、多くの量を加えることが可能になるからだ。

　砂糖が溶けるのに必要な水（砂糖の約1/3量）を加
え、118〜120℃に煮詰めて加える。シロップが入るこ
とで卵白の粘性が強まり、保形性のよいメレンゲとなる。

# Puits d'Amour

ピュイ・ダムール

藤巻正夫

§

直訳で「愛の井戸」、一般的に「愛の泉」という名で知られる
クラシカルなフランス菓子。
シンプルで奥深い菓子である。
生地は、三つ折りにしたパート・ブリゼを使用。
そこに遊び心でハート形のジュレを入れ、クレーム・シブーストをこんもりと詰めた。
甘さ控えめ、軽さが身上のこのクリームの味わいが、
サクサクのパート、フランボワーズのジュレの酸味、
カリカリの飴と出会うことで際立ってくる。
クレーム・パティシエールとムラング・イタリエンヌが、
ともに作り立ての温かい状態だとすーっと混ざり合い、
口溶けがよい軽い滑らかなクリームに仕上がる。
したがって、2つのクリームが同時に出来上がるよう、
タイミングをはかりながら仕込む必要がある。

## 材料 （直径7cmのボンポネット型15個分）

[パート・ブリゼ・コンプレ]
（20個分）

| | |
|---|---|
| 中力粉 | 270g |
| 全粒粉 | 100g |
| 発酵バター | 235g |
| 無精製糖 | 30g |
| 天然塩 | 6g |
| ミネラルウォーター | 105g |

| | |
|---|---|
| 打ち粉 | 適量 |
| ドリュール | 適量 |

[クレーム・シブースト]
　クレーム・パティシエール

| | |
|---|---|
| 牛乳 | 270g |
| 無精製糖 | 30g |
| グラニュー糖 | 30g |
| 中力粉 | 20g |
| 強力粉 | 5g |
| 卵黄 | 100g |
| ヴァニラビーンズ | 1.5g |
| 天然ヴァニラ原液 | 1g |

ムラング・イタリエンヌ

| | |
|---|---|
| 粗糖 | 125g |
| トレハロース | 66g |
| ミネラルウォーター | 80g |
| 卵白 | 140g |
| 板ゼラチン | 9g |

| | |
|---|---|
| ジュレ・フランボワーズ | 15個 |
| 　→ P.224 参照 | |
| グラニュー糖 | 適量 |
| 粉糖 | 適量 |

## 作り方

### [パート・ブリゼ・コンプレ]

**1** 作り方は P.148 を参照。打ち粉をしてパイシーターで 2mm厚にのばす。縮みやすい生地なので細かくピケし、直径 12cmの円形に抜く（a）。

**2** 型に入れ、軽く押さえながらすき間を作らないように密着させる（b）。冷蔵庫で 2時間休ませる。

**3** 型の高さに合わせて余分な生地を取り除く（c）。
※ナイフの背を使い、上から下へあてる

**4** 紙をのせて重石をし（d）、180℃のオーブンで 25分、空焼きにする。

**5** 重石を除いて型から外し、ドリュールを 2回に分けて塗る。1回目は全卵 50g、卵黄 20g、牛乳 3g、塩少々（すべて分量外）を合わせたものを、内側と、外側の側面に軽く塗り（e）、オーブンに入れてさっと焼く（f）。
※外側はつや出しとしけ止めのため

**6** 2回目は内側だけに卵黄を水でのばしたものを厚めに塗り（g）、オーブンで焼く（h）。

a
b
c
d
e
f
g
h

［クレーム・シブースト］

**1** クレーム・パティシエールの牛乳を銅鍋に入れて火にかける。別の鍋にムラング・イタリエンヌの粗糖、トレハロース、水を合わせて火にかける（i）。

※2つのクリームを同時に仕上げて合わせたいので、2人で作業するとよい

**2** 1のムラング・イタリエンヌのシロップを118℃まで煮詰めたら、ミキサーで六分まで泡立てた卵白に少しずつ加えてさらに泡立てる（j）。

**3** P.43を参照してクレーム・パティシエールを作る（生クリームとバターの工程は除く）（k）。

※牛乳が少ない配合なので、焦がさないように注意

**4** 水でふやかした板ゼラチンを加え（l）、充分に混ぜてすみずみまで行き渡ったら火を止める。

**5** 出来上がったばかりのムラング・イタリエンヌの（m）、一部を4のクレーム・パティシエールに加え、しっかり合わせる（n）。

**6** 5をムラング・イタリエンヌのボウルに戻し（o）、泡を殺さないようにふんわりと混ぜる（p）。

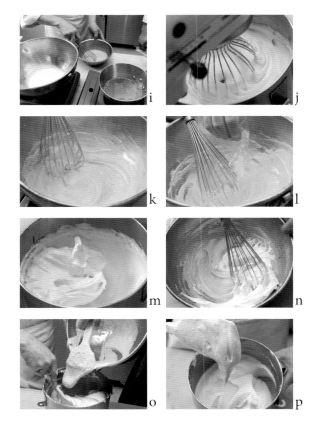

［組み立て］

**1** 空焼きしたパート・ブリゼ・コンプレに、ジュレ・フランボワーズを入れる（q）。

**2** クレーム・シブーストを丸口金をつけた絞り袋に入れ、35〜40gを絞り入れる（r）。

※温かいうちに絞る。軽いクリームなのでたっぷり入る

**3** 正方形に切ったOPPシートを上面にあてて平らにし（s）、冷蔵庫で5分冷やす。

※カラメリゼの砂糖がのりやすくなる

**4** 上面にグラニュー糖をふり、焼きごてでカラメリゼする（t）。

**5** 4を2回繰り返し、3回目は粉糖で行う（u、v）。

※粉糖は溶けやすいので、カラメリゼがきれいに仕上がる

# Chiboust aux Pommes

リンゴのシブースト

日髙宣博

§

シブーストは果物を変えるなどして通年で店に出している。

これはリンゴが旬の秋冬の定番。

酸味のあるリンゴを焼き込んで味を凝縮させ、

生クリームが多めのアパレイユと合わせ、

味をやわらげたところへクレーム・シブーストをのせる。

パティシエールの旨味が残りつつも軽い味わいが、

このクリームの醍醐味だろう。

クリームは型を使わずに成形する。したがって、出来上がったときに

絞り出せるかたさになっていることが重要だ。

ムラング・イタリエンヌは、時間がたつと離水しやすいので、作り立てを使用する。

パティシエールはあらかじめ作って冷ましたものでも、

湯煎で溶かしたゼラチンを混ぜると熱がつく。

合わせるときにメレンゲと同じ生温かい状態になっていれば問題はない。

## 材料 （直径 16cm のタルトリング 12 台分）

### ［パータ・フォンセ］

| | |
|---|---|
| 無塩バター | 900g |
| 卵黄 | 60g |
| 水 | 342g |
| 塩 | 6g |
| 薄力粉 | 750g |
| 強力粉 | 750g |
| グラニュー糖 | 12g |
| | |
| 打ち粉 | 適量 |
| ドリュール | 適量 |

### ［ガルニチュール］

| | |
|---|---|
| リンゴ（紅玉か国光） | 14 個 |
| グラニュー糖 | 適量 |
| 溶かしバター | 適量 |

### ［アパレイユ］

| | |
|---|---|
| 牛乳 | 700g |
| 生クリーム（42%） | 350g |
| グラニュー糖 | 420g |
| トレハロース | 140g |
| ヴァニラペースト | 8g |
| 全卵 | 490g |
| 卵黄 | 70g |

### ［クレーム・シブースト］

クレーム・パティシエール

| | |
|---|---|
| 牛乳 | 600g |
| ヴァニラビーンズ | 1 本 |
| 卵黄 | 144g |
| トレハロース | 60g |
| 薄力粉 | 60g |

ムラング・イタリエンヌ

| | |
|---|---|
| 卵白 | 300g |
| トレハロース | 240g |
| 水 | 200g |
| グラニュー糖 | 360g |
| 板ゼラチン | 20g |
| カルヴァドス | 60g |

| | |
|---|---|
| 粉糖 | 適量 |
| アプリコットのコンフィチュール | 適量 |
| ナパージュ・ヌートル | 適量 |
| リンゴ | 適量 |

## 作り方

### ［パータ・フォンセ］

1 作り方と型への敷き込み方は P.154 を参照。ただしピケは型に敷いたあとに行い、フォークで数カ所程度にする（a、b）。

2 アルミ箔を敷いて小豆の重石をおき（c）、170℃のオーブンで約 25 分空焼きする。
※途中で重石ははずす

3 焼き上がる直前にドリュールを塗り（d）、オーブンに入れて卵に火が通るまで焼く。

a

b

c

d

### ［ガルニチュール］

1 リンゴの皮と芯を除き、12 等分する（e）。

2 天板にオーブンシートを敷いて1を並べ、溶かしバターを塗り、グラニュー糖をふる（f）

3 160℃のオーブンで 30 分焼く。

e

f

### ［アパレイユ］

1 牛乳からヴァニラペーストまでの材料を合わせて沸かし、溶きほぐした全卵と卵黄に注いで混ぜ、漉す。

［クレーム・シブースト］

1 P.53 を参照し、クレーム・パティシエールを作る（g）。

2 P.230 のムース・キャラメル内を参照してムラング・イタリエンヌを作る（h）。

3 水で戻した板ゼラチンとカルヴァドスを合わせて湯煎で溶かし、クレーム・パティシエールの一部を加えてよく混ぜる（i）。

4 3 をクレーム・パティシエールのボウルに戻し（j）、ホイッパーに持ち替えて下から上へすくい上げるように混ぜる。
　※ここでしっかり混ぜておくことで、次に加えるメレンゲが合わせやすくなる

5 ムラング・イタリエンヌの半量を加え（k）、ホイッパーで混ぜる（l）。

6 マーブル状のときに残りのムラング・イタリエンヌを加え（m）、泡をつぶさないようにさっくりと混ぜ、仕上げはゴムベラで混ぜてきめを整える（n）。

［組み立て］

1 空焼きしたパータ・フォンセにガルニチュールを放射状に並べる（o）。

2 アパレイユを約 160g 注ぐ（p）。
　※オーブンの近くで行うこと。オーブンに運ぶまでの間に、アパレイユがこぼれる危険があるため

3 160℃のオーブンで約 25 分焼成し、冷ます。

4 クレーム・シブーストの一部をのせ（q）、隙間のないように平らに塗り広げる（r）。

5 クレーム・シブーストを 10mm の丸口金をつけた絞り袋に入れ、外側に一周絞り、中央から渦巻き状に絞る（s）。

6 粉糖をふり（t）、バーナーで焼き色をつける（u）。

7 合わせて温めたアプリコットのコンフィチュールとナパージュ・ヌートルを塗り、粉糖をふる（v）。

8 4 等分にカットし、バーナーで焦げ目をつけ、ナパージュ・ヌートルを塗ったリンゴを飾る。

# Chiboust au Yuzu Verveine

シブースト・オ・ユズ・ヴェルヴェーヌ

菅又亮輔

§

ユズとヴェルヴェーヌ、ともに香りのよさが身上の素材を、
菓子としておいしく味わうために考えた一品だ。
エクレアのような、主張のある生地と合わせたものより、
クリーム主体でふわっと口溶けよく仕上げたほうが、香りが際立つ。
そこでヴェルヴェール風味のクレーム・シブーストに、
アクセントとしてユズのコンポートを潜ませた。
シブーストは、合わせる温度帯やタイミングで味わいが大きく左右される。
メレンゲが温かい状態でパティシエールと合わせると軽く、
冷たいと、ねっとりとした食感に仕上がる。
作りたい菓子、出したい味に合わせて状態を変えられるのも
このクリームの醍醐味だろう。
いずれにせよ、パティシエールを炊いて
火からおろしてからは手を止めずに作業し、
出来上がったらすぐに型に入れること。

## 材料 （直径 7cmのセルクル 20 個分）

[パート・ブリゼ]
薄力粉 ――――――――― 600g
無塩バター ――――――― 450g
塩 ―――――――――――― 12g
グラニュー糖 ――――――― 12g
卵黄 ―――――――――― 24g
牛乳 ――――――――― 150g
※分量は作りやすい量

[コンポート・ユズ]
ユズ ―――――――――― 5 個
水 ―――――――――― 400g
グラニュー糖 ――――― 180g+100g

[フラン・ヴェルヴェーヌ]
生クリーム（38%） ―――― 800g
ドライ・ヴェルヴェーヌ ―― 12g
全卵 ――――――――― 400g
グラニュー糖 ――――――― 100g

[ジュレ・ライム・ヴェルヴェーヌ]
レモン・ピューレ ――――― 250g
水 ――――――――――― 100g
ドライ・ヴェルヴェーヌ ―― 105g
板ゼラチン ―――――――― 12g
グラニュー糖 ――――――― 100g
ライムの表皮（すりおろし）―― 1/2 個分

[クレーム・シブースト・ヴェルヴェーヌ]
ムラング・イタリエンヌ
水 ――――――――――― 100g
グラニュー糖 ――――― 360g+20g
卵白 ――――――――― 180g
クレーム・パティシエール
牛乳 ――――――――― 375g
ドライ・ヴェルヴェーヌ ―― 10g
卵黄 ――――――――― 180g
グラニュー糖 ――――――― 165g
プードル・ア・クレーム ―― 60g
板ゼラチン ―――――――― 18g

グラニュー糖 ――――――― 適量
粉糖 ―――――――――― 適量

## 作り方

### [パート・ブリゼ]

1 P.180 を参照して生地を作り、空焼きする（a）。
※生地は直径 10cmの円形に抜き、型に敷いて余分
な生地をカットしてから焼く

a

### [コンポート・ユズ]

1 ユズはヘタを除き、横 2 つにカットしてから
2 つに切り、皮と果肉に分ける（b）。

2 皮は 3 〜 5mm厚にスライスする（c）。

3 鍋に水とグラニュー糖 180g を合わせて火に
かける。

4 沸騰したら 2 のユズの皮を加え（d）、白いワ
タの部分が透明になるまで中火で煮る。

5 4 の煮汁を捨て（e）、ユズの皮を鍋に戻し、
1 で取り分けたユズの果肉を薄皮ごと入れる
（f）。

6 グラニュー糖 100gを加えて中火にかける（g）。

7 絶えずヘラで混ぜながら、とろみがついて
ツヤがでるまで煮詰める（h、i）。

b

c

d

e

f

g

h　　i

［フラン・ヴェルヴェーヌ］

**1** 生クリームを沸かして火を止め、ドライ・ヴェルヴェーヌを入れる(j)。

**2** 鍋にアルミホイルをかぶせ（k）、5分ほどおいて抽出する(l)。

**3** ボウルに漉し入れ、ヴェルヴェーヌをしっかり絞って抽出液を取る（m）。生クリーム（分量外）を足して400gに戻す。

**4** 全卵とグラニュー糖を合わせてすり混ぜ、3を注いで混ぜ(n)、シノワで漉す(o)。

j　　k

l　　m

n　　o

［ジュレ・ライム・ヴェルヴェーヌ］

**1** 鍋にレモン・ピューレと水を合わせて沸かす。火を止めてドライ・ヴェルヴェーヌを加え（p）、アルミホイルをかぶせて10分ほど抽出する(q)。

**2** シノワで漉し（r）、ヴェルヴェーヌをゴムベラでしっかり絞って抽出液をボウルに漉す。

**3** 軽く温め、水でふやかした板ゼラチンを加え溶かし(s)、グラニュー糖を加える。

**4** ライムの表皮を加え混ぜる(t)。
　※熱を加えると変色するので、最後に入れる

**5** 1個のサイズが直径4cm×高さ2cmのシリコン製の型に流し（u）、ショックフリーザーで急速冷却する。

p　　q

r　　s

t　　u

［クレーム・シブースト・ヴェルヴェーヌ］

1 ムラング・イタリエンヌを作る。鍋に水とグラニュー糖 360g を合わせて火にかけ、117℃まで煮詰める（v）。
　※115℃になったら火を止め、余熱で温度を上げる

2 卵白とグラニュー糖 20g を合わせ、ミキサーの高速で回す。ボリュームが出たら低速に落とし、1 のシロップをボウルのふちから少しずつ垂らしながら注ぐ（w）。

3 シロップが全部入ったら高速で回す。角がピンと立つまで泡立てたら中速に落とし、回しながら冷ます（x）。

4 クレーム・パティシエールを作る。鍋に牛乳を沸かして火を止め、ドライ・ヴェルヴェーヌを加え（y）、アルミホイルをかぶせて 5 分ほど抽出する。

5 ボウルに卵黄とグラニュー糖、プードル・ア・クレームを合わせてすり混ぜる（z）。

6 4 の牛乳をボウルに漉し入れ（a'）、牛乳（分量外）を足して 375g に戻す。

7 これを 5 のボウルに注いで溶き混ぜ（b'）、強火にかけて絶えずホイッパーで混ぜながら加熱する。いったんとろみがついてからコシが切れ、ツヤが出るまで火を入れる（c'）。

8 火からおろし、水でふやかした板ゼラチンを加え溶かす（d'）。

9 ボウルに漉し入れ（e'）、3 のムラング・イタリエンヌの一部を加え（f'）、ホイッパーで混ぜて馴染ませる（g'）。

10 残りのムラングを加えてさっくりと混ぜ合わせる（h'）。

11 仕上げはゴムベラに持ち替えて全体を均一に混ぜ、きめを整える（i'）。

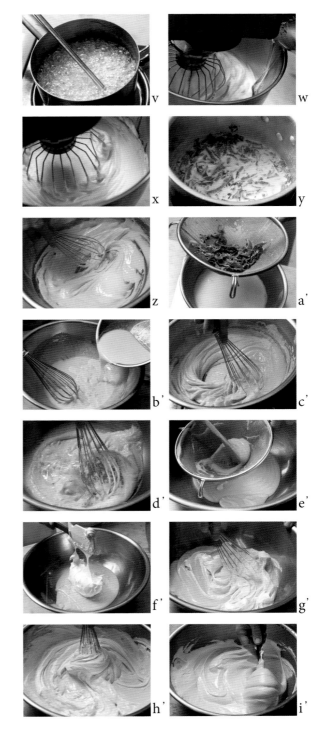

［組み立て］

**1** コンポート・ユズを刻み（j'）、空焼きしたパート・ブリゼに1個につき20gを入れる（k'）。

**2** フラン・ヴェルヴェーヌをタルト台のふちまで注ぎ（l'、m'）、125℃のオーブンで20〜25分焼成する（n'）。

**3** プラックの上に直径6cm×高さ3cmのセルクルを並べる。丸口金をつけた絞り袋にクレーム・シブースト・ヴェルヴェーヌを入れ、セルクルの八分目まで絞り入れる（o'）。

**4** 型から外したジュレ・ライム・ヴェルヴェーヌを入れ、軽く押さえて中央をくぼませる（p'）。

**5** 上にもクレーム・シブースト・ヴェルヴェーヌを絞り（q'）、L字パレットで平らにすり切る（r'）。ショックフリーザーで急速冷却する。

**6** 5が凍ったらショックフリーザーから出し、表面のくぼんだところに余ったクレーム・シブースト・ヴェルヴェーヌを塗って平らにする（s'）。

**7** セルクルから外し（t'）、冷ました2の上にのせる（u'）。

**8** 表面にグラニュー糖をふり（v'）、バーナーでカラメリゼをする（w'）。

**9** 2回目もグラニュー糖をふってカラメリゼし（x'、y'）、3回目は粉糖で行う。

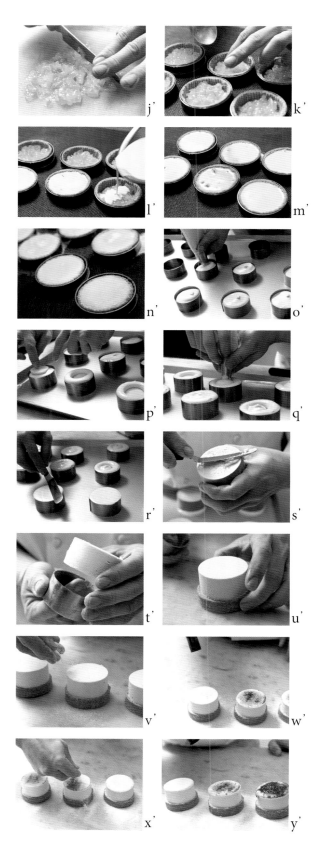

# Chiboust Framboise

シブースト・フランボワーズ

中山洋平

§

クレーム・パティシエールの牛乳や卵黄の旨味と、

ムラングの軽い口あたりが融合したクレーム・シブーストは、

フルーツ、特に甘酸っぱいフランボワーズとよく合う。

ここで紹介するのは、フランボワーズのおいしさを引き出すシブースト。

パート・ブリゼの中には、酸味のあるアパレイユを入れて焼成し、

ヴァニラ風味のクレーム・ブリュレをのせ、

クリーミー感と乳味が感じられるように構成。

代わりに、クレーム・パティシエールは牛乳ではなく、

フランボワーズとイチゴ、チェリーの3種類のピューレで炊き、

赤系果実のみずみずしい個性を打ち出すようにした。

ムラングとパティシエールを合わせる際に重要なのは温度帯。

パティシエールが熱いとムラングの泡が殺されるし、

冷たいと、混ざっていかない。ともに40〜50℃の生温かい状態に揃える。

## 材料 （直径 7cm×高さ 4cm約 20 個分）

[クレーム・ブリュレ・ヴァニーユ]
（直径 5.5cm×高さ 5cmのセルクル 20 個分）

| | |
|---|---|
| 生クリーム（35%） | 400g |
| ヴァニラビーンズ | 1 本 |
| 卵黄（加糖 20%） | 100g |
| グラニュー糖 | 60g |
| 粉ゼラチン | 4 g |
| 水 | 24g |

[アパレイユ・エーグル]

| | |
|---|---|
| サワークリーム | 50g |
| グラニュー糖 | 35g |
| 牛乳 | 120g |
| ヴァニラビーンズの種 | 1 本分 |
| 全卵 | 265g |
| 中力粉 | 6 g |
| フランボワーズ（冷凍） | 80 個 |

| | |
|---|---|
| パート・シュクレ | 適量 |
| → P.136 参照 | |
| ドリュール（卵黄） | 適量 |

[クレーム・シブースト・フランボワーズ]

| | |
|---|---|
| フランボワーズ・ピューレ | 280g |
| イチゴ・ピューレ | 40g |
| グリオットチェリー・ピューレ | 30g |
| 卵黄（加糖 20%） | 185g |
| グラニュー糖 | 10g |
| プードル・ア・クレーム | 30g |
| 板ゼラチン | 12g |
| ムラング・イタリエンヌ | |
| 　水 | 100g |
| 　グラニュー糖 | 275g |
| 　卵白 | 220g |
| 　ライチ・リキュール | 30g |

| | |
|---|---|
| グラニュー糖 | 適量 |
| フランボワーズ | 適量 |
| ナパージュ・ヌートル | 適量 |

## 作り方

[クレーム・ブリュレ・ヴァニーユ]

**1** OPP シート敷いたプラックに必要なセルクルを並べて冷やしておく。P.211 を参照し、牛乳を生クリームに替えてグラニュー糖までの材料でクレーム・アングレーズを作る。ボウルに移したら、氷水にあてながら混ぜて60℃まで冷ます（a）。

**2** 分量の水でふやかして溶かした粉ゼラチンを加え混ぜる（b）。氷水にあてながらハンドブレンダーで撹拌し、15℃まで冷やす（c）。

**3** デポジッターに入れ、1のセルクル に 30g ずつ流す（d）。冷凍する。

a

b

c

d

[パート・シュクレの空焼き]

**1** パート・シュクレを 2.5mm厚にのばし、ピケし、直径 9.5cmの円形に抜く。直径 7cm×高さ 2cmのタルトリングに敷き込み、縁からはみ出した生地を切り落とす（e）。

**2** ドリュールを内側に薄く均等に塗る（f）。160℃のコンベクションオーブンで約 7 分焼成し、再度ドリュールを塗り（g）、オーブンに戻し、乾いたら取り出し、冷ます。

e

f

g

[アパレイユ・エーグル]

1 ロボクープにフランボワーズ以外の材料を合わせて攪拌する(h)。デポジッターに入れ、パート・シュクレに25gずつ流す(i)。

2 フランボワーズを凍ったまま4個ずつのせる(j)。160℃のコンベクションオーブンで焼成する。約20分経過したらタルトリングをはずし、さらに約10分焼成して側面にも焼き色をつける。冷ます(k)。

[クレーム・シブースト・フランボワーズ]

1 3種類のピューレを鍋に入れて沸かす。

2 ボウルに卵黄とグラニュー糖、プードル・ア・クレームを合わせてすり混ぜる。ここに1の1/3量を加え溶き混ぜる(l)。

3 2を1に戻し、クレーム・パティシエール(P.61参照)を炊く要領で火を入れる。冷水で戻した板ゼラチンを加え混ぜ、溶かす(m)。大きめのボウルに移し、氷水にあて、混ぜながら40℃まで冷ます(n)。

4 同時進行でP.286のパータ・マカロン内を参照し、ムラング・イタリエンヌを作る(o)。

5 4の1/3量を5に加え、泡立て器でざっと混ぜる(p)。ライチ・リキュールを加える。

6 残りの4を加え、底からすくい上げるようにしながらさっくりと混ぜる(q、r)。最後はゴムベラで混ぜてキメを整える。

7 OPPシートを敷いたプラックに直径7cm×高さ2cmのタルトリングを並べる。6を15.5mmの丸口金をつけた絞り袋で型の高さの半分まで絞り入れる(s)。

8 セルクルから出したクレーム・ブリュレ・ヴァニーユを7にのせ、押さえる(t)。上に6を少量絞り平らにし(u)、冷凍庫で固める。

[組み立て・仕上げ]

1 型から出したクレーム・シブースト・フランボワーズをパート・シュクレの土台の上にのせる。グラニュー糖を2回に分けてふり、キャラメリゼする(v)。フランボワーズをのせ、ナパージュ・ヌートルを絞る(w)。

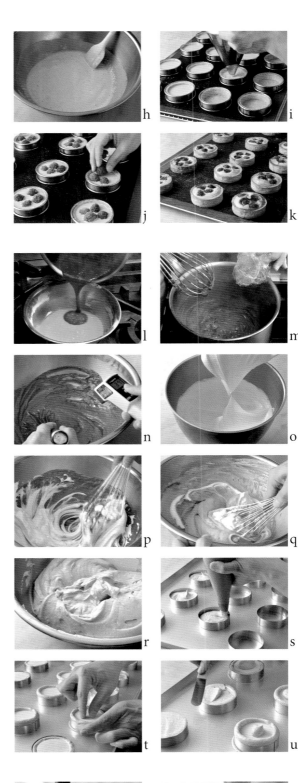

# Partie

# 11

# Meringue Italienne
ムラング・イタリエンヌ

*p266-269* 興野　燈 ── Tarte au Citron　タルト・オ・シトロン

*p270-273* 藤巻正夫 ── Cassis　カシス

*p274-277* 日髙宣博 ── Caramel Poire　キャラメル・ポワール

*p278-283* 菅又亮輔 ── Tarte au Cassis　タルト・オ・カシス

*p284-287* 中山洋平 ── Escargot Pamplemousse エスカルゴ・パンプルムース

卵白に、砂糖を加えてかたく泡立てたものがムラング。
その中で、煮詰めたシロップを注いで立てたものを
ムラング・イタリエンヌと呼ぶ。
ムースやクレーム・オ・ブールのベースとして使われることが多いが、
アントルメのデコレーションとしても使用する。
かたくしっかりした泡立ちが得られ、保形性があるので絞り出しても使える。
117 〜 120℃に煮詰めた熱いシロップが入るために卵白が殺菌され、
ほかのムラングとは違い生食が可能という特性もある。
卵白がちょうどいい状態に立ち上がるタイミングに合わせて、
シロップを煮詰めることが重要だ。
卵白が泡立つのを待っているとシロップが冷めてしまい、冷めると、
卵白に加えても馴染まず、底にたまってしまう。
シロップが煮詰まりすぎても同じことが起こり、きれいに泡立たない。

# Tarte au Citron

タルト・オ・シトロン

興野 燈

§

素材の持つ強い個性は、常に全面に出したいと考えている。
このタルト・シトロンも、レモンの酸味や香りが
より一層感じられる菓子にするにはどうすればよいか、と考え、
上にのせるムラング・イタリエンヌにもレモンを加えることを思いついた。
ムラング自体は、卵白1に対してシロップの砂糖が2、水0.6の黄金比率と呼ばれる配合だが、
水の一部をレモン汁に替え、表皮のすりおろしを加えるだけで、
全体からレモンが香る、ぐっと個性的で印象深い味わいとなる。
上にのせるムラングはただ甘いだけ、と考えている人にも、
その存在する意味を感じとってもらえると思う。
ムラングに加えるシロップを作る際には、まずレモンの汁と表皮、
水を合わせて沸騰させ、蒸らしてから砂糖を加え、煮詰める。
しっかりレモンの香りを移しておくことがポイントだ。

## 材料 （直径 7cm のタルトリング 8 個分）

[パート・シュクレ]
（直径 7cm のタルトリング 16 個分）

| | |
|---|---|
| 無塩バター | 90g |
| 粉糖 | 60g |
| 全卵 | 30g |
| 薄力粉 | 150g |
| アーモンドプードル | 20g |

ドリュール　　　適量

[クレーム・シトロン]

| | |
|---|---|
| レモン汁 | 100g |
| レモンの表皮（すりおろし） | 1 個分 |
| グラニュー糖 | 95g |
| 全卵 | 100g |
| 無塩バター | 135g |

[ムラング・イタリエンヌ・シトロン]

| | |
|---|---|
| レモン汁 | 30g |
| レモンの表皮（すりおろし） | 1/2 個分 |
| 水 | 15g |
| グラニュー糖 | 150g |
| 卵白 | 75g |

## 作り方

### [パート・シュクレ]

**1** 作り方は P.144 参照。2.5mm厚にのばして直径 10cmの円形に抜き、タルトリングに敷き込む（a、b）。
※角をきちんと作ること（c）

**2** シルパンを敷いた天板にのせ、130℃のオーブンで約 1 時間空焼きにする（d）。
※30 分焼いたら内側にドリュールを塗る
※低温で長時間火を入れることで、白っぽく、焦げ味のない生地に焼き上がり、それがクリームのレモンの酸味に合う

a　b　c　d

### [クレーム・シトロン]

**1** 鍋にレモン汁とレモンの表皮を合わせる（e）。

**2** グラニュー糖と溶きほぐした全卵を加え（f）、中火にかける。

**3** 耐熱ベラで底をかくように混ぜながら火を通し（g）、とろみがついて沸騰したら火からおろす。

**4** 漉し器を通してボウルに移す（h）。レモンの表皮が残らないようにしっかり漉す（i）。

**5** ボウルの底を氷水にあてながら 60℃まで冷ます。

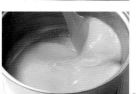

e　f　g　h

# Cassis

カシス
藤巻正夫

§

クリームや生地にベースとして使われることの多い
ムラング・イタリエンヌを、焼いてそのまま食べる菓子にした。
メレンゲの味と食感を生かすには、
コクと滑らかさを持つムース・ショコラがよく合う。
そのままではおもしろみにかけるので、メレンゲとともにカシス風味にしている。
カシスは、独特の色と酸味にフランスらしさを感じるため、好きな素材のひとつだ。
メレンゲに加えるシロップの半量をカシスピューレにしている。
果肉が入ったシロップは糖度と粘度が高いため、
煮詰める際に温度計では正確な温度がとりにくい。
したがって、あえて指先で丸めて見極める方法をとっている。
シロップは、卵白を六分まで立ててから注ぐこと。
ボリュームが出て、しっかりとしたメレンゲに仕上がるからだ。

## 材料 （直径 7cm×高さ 2cmのセルクル 20 個分）

[ムラング・カシス]
- カシス・ピューレ ——— 60g
- ミネラルウォーター ——— 60g
- グラニュー糖 ——— 130g
- トレハロース ——— 130g
- レモン汁 ——— 15g
- 卵白 ——— 166g

- カカオバター（オーガニック）——— 50g
- チョコレート（オーガニック・70%）— 50g

[ムース・ショコラ・カシス]
- カシス・ピューレ ——— 137g
- 無精製糖 ——— 32g
- レモン汁 ——— 12g
- チョコレート（70%）——— 139g
- カシスのリキュール ——— 30g
- 生クリーム（34%）——— 313g

- チョコレート（オーガニック・70%）—適量
- カカオパウダー ——— 適量
- ビスキュイ・ショコラ（直径7cm）— 20 枚
  → P.222 参照
- ナパージュ・ヌートル ——— 適量
- 葉形のチョコレート ——— 適量

## 作り方

[ムラング・カシス]

**1** 銅鍋にカシス・ピューレ、水、グラニュー糖、トレハロース、レモン汁を合わせ（a）、よく混ぜ合わせてから火にかける。
※溶けやすくするため

**2** 沸いてきたら、鍋の内側についたシロップの飛沫を、水に濡らした刷毛で落とす（b）。同時に、ミキサーの中速で卵白を泡立て始める。

**3** シロップの泡に粘りがでてきたら、煮詰まり具合を確認する。指先をよく冷やしてシロップをすくい、氷水にさっとつけたときに指先で丸められる状態（プティ・ブーレ状）になれば火を止める（c）。
※117 ～ 120℃まで煮詰まった状態

**4** 泡立てた卵白に **3** のシロップを少しずつ加える（d）。高速で泡立て、シロップの熱がメレンゲ全体に伝わったら中速に落とし、ツヤのあるメレンゲを作る（e）。

**5** **4** のメレンゲを 12mmの丸口金をつけた絞り袋に入れ、シルパンを敷いた天板に直径 3cm×高さ 2cmを丸く 20 個、直径 6cm×高さ 1cmを 20 個絞る（f）。

**6** 直径 6cmのほうは表面を平らにする（g）。

**7** 120℃のオーブンに入れ、ダンパーを開けて 3 時間焼成する（h）。
※1 時間焼いたら下火をきる

 a
 b
 c
 d
 e
 f
 g
 h
 i

**8** カカオバターとチョコレートを合わせて溶かしておく。

**9** 冷ました直径6cmのムラング・カシスを8にくぐらせ、チョコレートで覆う。OPPシートを敷いたプラックに並べて乾かす(i)。

[ムース・ショコラ・カシス]

**1** 鍋にカシス・ピューレ、無精製糖、レモン汁を合わせて火にかける。

**2** 沸騰したら、溶かしておいたチョコレートに加え(j)、混ぜる(k)。

**3** 38℃まで冷ましたら、カシスのリキュールを加える(l)。

**4** 生クリームを七分立てにして3に加え、合わせる(m)。

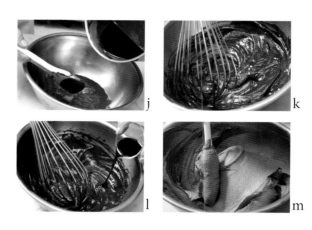

[組み立て]

**1** チョコレートで覆ったムラング・カシスの裏面に少量のムース・ショコラ・カシスを厚めに塗り、OPPシートを敷いたプラックに、ムースを塗った面を下にして間隔をあけて並べる。

**2** セルクルの側面に空気が入らないように、ムース・ショコラ・カシスを塗る(n)。

**3** これを、プラックに並べたムラング・カシスの上におく。
※ムラングが中央にくるようにする

**4** 残りのムース・ショコラ・カシスを上に絞り、表面を平らにならす(o)。ショックフリーザーで急速冷却する。

**5** 直径3cmのムラング・カシスは、溶かしてテンパリングをしたチョコレートで表面を覆い(p)、カカオパウダーをまぶす。

**6** 4の裏にビスキュイ・ショコラを貼り、上面にナパージュ・ヌートルを塗る(q)。

**7** 6を型から外し、5のムラング・カシスをのせる(r)。葉形のチョコレートを飾る。

# Caramel Poire

キャラメル・ポワール

日髙宣博

§

「マルメゾン」で働いていたときに作っていた
「ムース・マルメゾン」がベースになっている。
当時はキャラメルのムースはまだ珍しかったが、今でも新鮮で色褪せない味だ。
ムースだけでは単調になるので、キャラメル味と相性のよいフイヤンティーヌや
洋ナシなどを加え、食感や味の変化を楽しめる構成にしている。
ムースに使用しているのがムラング・イタリエンヌ。
卵白は常温か、少しぬるいぐらいのものを用意する。
卵白が冷たいと、シロップを加えたときに
シロップが冷えて固まることがあるからだ。
ミキサーの高速で、理想の状態まで泡立てたら中速に落とし、
回しながら粗熱をとる。まだ生温かい状態のときに
ムースのベースを合わせるとスムーズに混ざる。

## 材料 （直径 6.5 ×高さ 3.5cmのココット約 85 個分）

[プラリネ・フイヤンティーヌ]
ミルクチョコレート（38.2%）— 80g
プラリネ・ペースト ———————— 300g
フイヤンティーヌ ———————— 250g
ヘーゼルナッツ（刻んだもの）— 50g

[アンビバージュ]
シロップ ———————————— 200g
※シロップは水：グラニュー糖を 1：1.25 の
　割合で作ったもの
ブランデー ——————————— 30g
クレーム・ドゥ・カカオ ———— 30g

[ムース・キャラメル]
ムラング・イタリエンヌ ———— 400g
　グラニュー糖 ——————————— 300g
　トレハロース ——————————— 100g
　水 —————————————————— 100g
　卵白 ———————————————— 200g
　※分量は作りやすい量
グラニュー糖 ——————————— 500g
生クリーム（45%） ———— 500g+2000g
板ゼラチン ———————————— 20g
卵黄 ————————————————— 160g

洋ナシのコンポート —————— 適量
　→ P.155 参照
パータ・ジェノワーズ
（直径 4.5cm×厚さ 5mm）————— 85 枚
　→ P.101 参照
ナパージュ・ヌートル —————— 適量
ガナッシュ ———————————— 適量
　→ P.202 参照
クラクレン・ノワゼット ———— 適量
ピスタチオ ———————————— 適量
ブラック・ショコラ（5cm角）——— 85 枚

## 作り方

### [プラリネ・フイヤンティーヌ]

1 溶かしたミルクチョコレートとプラリネ・ペーストを合わせて混ぜる（a）。

2 フイヤンティーヌとヘーゼルナッツを合わせたところへ 1 を加え（b）、フイヤンティーヌをつぶさないように混ぜてからめる（c、d）。

### [アンビバージュ]

1 材料を混ぜ合わせる。

### [ムース・キャラメル]

1 ムラング・イタリエンヌを作る。卵白以外の材料を合わせて火にかける（e）。

2 常温の卵白を中速で泡立て始める。

3 1 を 115℃まで煮詰め、2 の卵白が泡立ち始めたら少しずつ注ぐ（f）。

4 全部注いだら高速で泡立てる。しっかり立ったら中速に落として人肌に冷めるまで回し、ツヤのあるメレンゲを作る（g）。

5 鍋でグラニュー糖を少しずつ溶かしながら煮詰め、キャラメルを作る（h）。

6　火を止め、50℃程度に温めた生クリーム
　　500gを数回に分けて注ぎ（i）、混ぜる。

7　溶きほぐした卵黄に6を2回に分けて加え
　　（j）、しっかりと混ぜ合わせる。

8　水でふやかした板ゼラチンを加え混ぜる。

9　シノワで漉し、氷水にあてながら混ぜて
　　35℃ぐらいに冷ます（k）。

10　9の1/3量を4のメレンゲに加え（l）、混ぜる。

11　生クリーム2000gを八分立てにし、残りの9
　　に一部を加え、馴染ませる（m）。

12　生クリームのボウルに戻して混ぜる（n）。

13　12に10を加え（o）、混ぜ合わせる（p）。

［組み立て］

1　ココットに角切りにした洋ナシのコンポート
　　を約13g入れる（q）。

2　丸口金をつけた絞り袋にムース・キャラメル
　　を入れ、洋ナシが隠れる程度に絞り入れる
　　（r）。

3　プラリネ・フイヤンティーヌ5gをのせる（s）。

4　ジェノワーズの片面にアンビバージュをアン
　　ビベし（t）、3にのせて軽く押さえ、上からも
　　アンビベする（u）。

5　ムース・キャラメルをこんもりと絞る（v）。

6　くし形にカットした洋ナシのコンポートをの
　　せ、ナパージュ・ヌートルを塗り、ガナッシュ
　　を絞る（w）。

7　クラクレン・ノワゼットとピスタチオをのせ、
　　ブラック・ショコラを飾る（x）。

# Tarte au Cassis

タルト・オ・カシス

菅又亮輔

§

発想の源は、ムラング・グロゼイユという
アルザス地方の素朴な菓子。
素材を替え、より洗練されたタルトにアレンジした。
クレーム・ダマンド、コンフィチュール、
クレーム、ムラング・イタリエンヌと、
タルト生地以外の構成要素には全てカシスを入れている。
ひとつの素材をテーマとし、さまざまなパーツに変化させて組み立てると、
口に入れたときに広がる素材の味や香りに深みが増し、
インパクトを与えられる。
ムラング・イタリエンヌで重要なのは、加えるシロップの温度と、
シロップがちょうどよい温度になる頃を見計らって卵白を泡立て始めること。
シロップが冷めると卵白に加えても馴染まず、
煮詰めすぎたシロップを加えた場合も、
固まってダマになるからだ。

[コンフィチュール・カシス]

1 鍋にカシス・ピューレを入れて中火にかけ、加熱する。

2 45〜50℃になったらグラニュー糖120gを加え、混ぜながら溶かす(w)。

3 グラニュー糖40gとペクチンを合わせたものを加える(x)。

4 絶えず混ぜながら煮詰め、表面に光沢が出て粘度がついたら火を止める(y)。

5 ボウルに移し、氷水にあてながら混ぜて冷やす(z)。

[ムラング・イタリエンヌ・カシス]

1 鍋にカシス・ピューレ、水、グラニュー糖240gを合わせ、中火で煮詰める。

2 115℃まで煮詰めたら火を止め(a')、余熱で117℃まで温度を上げる。
※泡の状態が落ちつくので、メレンゲに加える際に飛沫が飛びにくくなる

3 その間に卵白にグラニュー糖20gを加え、ミキサーの中速で泡立て始める。

4 ボリュームが出て立ち始めたら、2のシロップをボウルのふちに沿わせるようにして入れる(b')。

5 さらに回し(c')、角がピンと立つまで泡立ててきめの細かいメレンゲを作る(d')。低〜中速に落とし、人肌程度に冷めるまで回す。

6 310gを取り分け、コンフィチュール・カシス20gを加え(e')、ゴムベラで混ぜ合わせる(f')。

［組み立て］

1 クレーム・ダマンド・カシスを 13.5mm の丸口
金をつけた絞り袋に入れ、空焼きしたパート・
シュクレに中央から渦巻き状に絞る（g'）。
※タルトの高さの半分程度まで絞る

2 汁気をきったカシス・ポッシェ（h'）をクリー
ムに埋め込むように入れ（i'）、タルトのふち
までクレーム・ダマンド・カシスを絞る（j'）。
※カシスが表面に出ると焼いたときに焦げやすいの
　で、クリームの間に挟む

3 160℃のオーブンで約 20 分焼成する（k'）。

4 カシスのリキュールを刷毛で塗る（l'）。

5 コンフィチュール・カシスを塗る（m'、n'）。

6 13.5mm の丸口金をつけた絞り袋にクレーム・
カシスを入れ、20 〜 25g を絞る（o'）。

7 カシス・ポッシェをのせる（p'）。

8 13.5mm の丸口金をつけた絞り袋にムラング・
イタリエンヌ・カシスを入れ、中心から螺旋
状に絞る（q'）。

9 パレットナイフで表面を平らにならし、円錐
形に整える（r'、s'）。

10 粉糖をふり（t'）、160℃のオーブンに入れて
表面に焼き色をつける。

# Escargot Pamplemousse

エスカルゴ・パンプルムース

中山洋平

§

パータ・マカロンの手法で作った、
サクッとした歯ごたえともっちりとした食感の生地の間に、
グレープフルーツとハチミツの酸味と甘みが心地よい
滑らかなクレーム・オ・フロマージュ・ミエルをサンドした。
中に潜ませたグレープフルーツのガルニチュールと、
トロピカルフルーツ風味のリキュールがキレを生む。
この生地とクリーム、両方にムラング・イタリエンヌを使用した。
気泡が強く安定性があるムラング・イタリエンヌで作るマカロン生地は、
存在感のある食感が特徴だ。
クリーム用のムラングは、ハチミツが主体のシロップを加えて泡立てた。
卵白の泡立ては、シロップが110℃まで煮詰まってから始めるとよい。
シロップが117℃になったとき、程よい状態に立ち上がるからだ。
温度を決めておくと、ほかの作業の途中でも見極めやすくなる。

## 材料 （直径 7cm×高さ 4cm約 40 個分）

### ［パータ・マカロン］
ムラング・イタリエンヌ
グラニュー糖 ―――― 500g
水 ――――――――― 150g
卵白 A ―――――――― 188g
粉糖 ―――――――― 500g
アーモンドパウダー ―― 500g
卵白 B ―――――――― 188g

### ［クレーム・オ・フロマージュ・ミエル］
ムラング・イタリエンヌ・ミエル
ハチミツ ―――――― 360g
グラニュー糖 ―――― 360g
トレハロース ―――― 180g
水 ――――――――― 150g
卵白 ―――――――― 300g
クリームチーズ ――― 580g
サワークリーム ――― 160g
生クリーム（35%） ―― 900g
ココナッツ・ピューレ ― 80g
グレープフルーツ・ピューレ ― 160g
板ゼラチン ――――― 24g

### ［ガルニチュール・パンプルムース］
グレープフルーツ（房から果肉を取り出す）
――――――――― 10 個分
ハチミツ ―――――― 60g
チャールストン・フォリーズ ― 60g
※材料をボウルに合わせて一晩漬ける

### ［クラックラン・アマンド］
アーモンドダイス（170℃のオーブンで約20
分ローストしたもの） ―― 200g
グラニュー糖 ―――― 90g
水 ――――――――― 30g
※グラニュー糖と水を 117℃まで煮詰めて火を
止め、アーモンドダイスを加えて白っぽくなるま
で木ベラで混ぜ、冷ます

## 作り方

### ［パータ・マカロン］

**1** ムラング・イタリエンヌを作る。鍋にグラ
ニュー糖と水を合わせて強火にかける。
110℃になったら、卵白 A を中速で泡立て始
める。

**2** 1 のシロップが 117℃になったらミキサーを
低速にし、シロップをボウルの縁から注ぎ
入れる（a）。入れ終わったら中速で立てる。

**3** 粉糖とふるったアーモンドパウダーをロボ
クープで油脂分が出るまで攪拌する。ボウ
ルに移し、卵白 B を加え、混ぜ合わせる（b）。

**4** 2 の角がピンと立って少しおじぎをするぐ
らいまで立てる（c）。立ち上がりの温度は
50℃。1/3 量を 3 に加え（d）、カードでしっ
かりと混ぜ合わせ、トロトロと流れて、ダマ
がない状態にする（e、f）。
※混ぜる際に生地が冷えてしまうと、焼成時
に表面が割れる原因になるので手早く行う

**5** 残りのメレンゲを一度に加える（g）。ボウル
の底からしっかり混ぜて気泡の量と生地の
かたさを調整する（マカロナージュ）。トロト

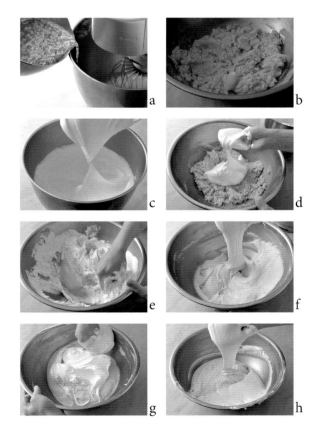

ロと流れる状態になるまで混ぜる(h)。

※表面を滑らかに仕上げて膨らみを抑えるための作業だが、今回は生地をある程度上げて表面に筋を残したいので、浅めに行う

6 9mmの丸口金をつけた絞り袋に入れ、シルパットを敷いた天板に直径7cmの円形に絞る(i)。常温に置き、手で触って生地が付かなくなるまで乾かす。125℃のコンベクションオーブンで約25分焼成し、冷ます(j)。

[クレーム・オ・フロマージュ・ミエル]

1 ムラング・イタリエンヌ・ミエルを作る。鍋にハチミツから水までの材料を合わせて混ぜながら強火にかける(k)。110℃になったら卵白をミキサーの中速で泡立て始める。

2 1のシロップが117℃になったらミキサーを低速にし、シロップをボウルの縁から注ぎ入れる(l)。全部入ったら高速にし、粘り気が出て角がピンと立つまで泡立てる(m)。

3 クリームチーズからグレープフルーツ・ピューレまでの材料をロボクープで攪拌して滑らかな状態にする(n)。ボウルに移す。

4 戻して湯煎で溶かした板ゼラチンに3を少量加え、泡立て器で混ぜ合わせて流れる状態にする(o)。温度は40℃。

5 3にメレンゲの1/3量を加え、泡立て器で混ぜる(p)。残りのメレンゲを加えて混ぜ合わせ、4を加え(q)、ボウルの底からすくい上げるようにしながら混ぜ合わせる(r)。

6 OPPシートを敷いたプラックの上に直径7cm×高さ2cmのセルクルを並べる。5を16.5mmの丸口金をつけた絞り袋で半分の高さまで絞る。汁気を切ったガルニチュール・パンプルムースを15gずつ入れる(s)。5を絞り、平らにならし(t)。冷凍庫で固める。

[組み立て]

1 クレーム・オ・フロマージュ・ミエルの周囲をバーナーで温めてセルクルをはずす(u)。

2 冷ましたマカロンを2枚1組みにして並べ、片方は焼き目を下にする。焼き目を下にしたほうに1をのせ(v)、対のマカロンを平らな面を下にして接着する(w)。クラックラン・アマンドを側面に接着する(x)。

興野 燈（きょうの・あかし）
1972年埼玉県生まれ。パリ「ストーレー」等で修業。
2007年、埼玉・浦和に「パティスリー・アカシエ」、
18年に「アカシエ北浦和本店」開業。

藤巻正夫（ふじまき・まさお）
1958年新潟県生まれ。横浜・センター北で21年
間「レジオン」のオーナーシェフ。2020年、長野
に宿泊できるカフェ「レジオン八ヶ岳」開業。

日髙宣博（ひだか・のぶひろ）
1961年宮崎県生まれ。東京・赤坂「明治記念館」
に18年間勤務し、製菓統括シェフ。2010年、
ときわ台に「パティスリー・ラ・ノブティック」開業。

菅又亮輔（すがまた・りょうすけ）
1976年新潟県佐渡島生まれ。渡仏して修業後、
東京・都立大学「ドゥ パティスリー カフェ」でシェ
フを務め、2015年、用賀に「リョウラ」開業。

中山洋平（なかやま・ようへい）
1979年東京都生まれ。フランスで修業後、東京・
京橋「ルエールサンク」等でシェフを務める。2014
年、東陽町に「エクラデジュール」開業。

取材・文————宮脇灯子

写真—————徳田 悟

山家 学（アンフォト）
（P.2-7、10-11、
中山洋平氏の菓子完成と…

隼田大輔（P.8-9）

ブックデザイン——米谷知恵

# クリームの扱い・製法、それぞれの考え方
# プロのための製菓技法
# クリーム　増補改訂版

2021年3月18日　発 行　　　　　　　　　NDC596

著　者　　興野 燈、藤巻正夫、日髙宣博、菅又亮輔、中山洋平
発行者　　小川雄一
発行所　　株式会社 誠文堂新光社
　　　　　〒113-0033 東京都文京区本郷 3-3-11
　　　　　［編集］電話 03-5800-3621
　　　　　［販売］電話 03-5800-5780
　　　　　https://www.seibundo-shinkosha.net/
印刷・製本　図書印刷 株式会社

ISBN978-4-416-52124-3